大学生学术论文写作入门

林幼菁　编著

商務印書館
创于1897　The Commercial Press

图书在版编目(CIP)数据

大学生学术论文写作入门/林幼菁编著.—北京:商务印书馆,2020(2023.9重印)

ISBN 978-7-100-18658-2

Ⅰ.①大… Ⅱ.①林… Ⅲ.①论文—写作—高等学校—教材 Ⅳ.①H152.3

中国版本图书馆CIP数据核字(2020)第101375号

大学生学术论文写作入门

林幼菁 编著

商 务 印 书 馆 出 版

(北京王府井大街36号 邮政编码100710)

商 务 印 书 馆 发 行

北京艺辉伊航图文有限公司印刷

ISBN 978-7-100-18658-2

2020年8月第1版　　开本 787×1092 1/16

2023年9月北京第4次印刷　　印张 11

定价:48.00元

序

漆永祥

林幼菁老师命我给她的大作《大学生学术论文写作入门》撰序，我说大著出版，我欢喜无似，但写序真是不太合适，能否另请高贤。林老师听了，咯咯一乐，说此书缘起和漆老师有关，这序文那时就已经历史地落在您身上，今日是写也得写，不写也得写。我被她将了一军，又顺手戴了顶高帽儿，只好哈哈认领，原来我不知不觉间给自己挖了一个坑儿！

这话说起来不长，可也不算太短。上古以降，诗文论说的创作，膜拜先秦，追摹汉魏，尊唐尊宋，重明重清，历代有别，各逞其强，但多是派别好恶之争，很少有人说你们这朝人的诗文写作能力实在太差。国人强烈感到母语水平的下降，是上个世纪以来百余年的事儿。这其中的因由，前贤时彦所论已多，大要不出两途：一是自从文言写作转成白话，以为会说话就会写作，结果导致文章也写不好，话也说不清了；一是西学的强势入侵，全民学外文，母语的习作被挤压轻忽到了边缘的尴尬境地。于是每一代的老师都批评下一代不会写作，不会说话，师弟相责，递代相因，直至今日，无有已时。

大家都认为这是个很大的问题，更是极大的困局，于是有识之士就思谋解困之道，在大学课堂上所体现出来的，就是上世纪初开始的各级各类国文课程。自 1909 年唐文治所编《高等国文读本》以来，各校相继开设“大一国文”“大学国文”，直到近数十年来的“大学语文”等等。各路贤达，相继施法，解困救弊，提撕振起，但似乎作用有限，成效渺渺，说得危言耸听点儿，还呈现出一种俯冲向下的趋势。我们这些试图拦挽颓波的不识时务者，便有点儿像濡羽洒向大火的鹦鹉，徒有豁命的精神罢了。

对于北京大学的师生而言，上述问题当然也都存在，而且北大每年还招有大量的留学生，这一问题就显得尤为突出。我在滥充北大中文系副系主任期间，负责本科生教学工作。从2010年起致力于做两件事：一是在全校理工科院系推行“大学国文”必修课程，二是组织编写一套适用于中文系留学生本科生的主干课程教材。

在讨论留学生教材的时候，关于写作方面设计了两本书：一本是请假条、求职信之类的应用文写作，一本是学术论文的写作。当时林幼菁老师刚从台湾来北大中文系工作不久，正在上留学生的相关课程，我探问是否愿意承担关于学术论文写作教材的编写，她竟然爽快地答应了。至为可惜的是，这套教材后来仅停留在设计纸面上，我早已淡然不萦于怀了，未曾想寒来暑往将近十载，幼菁老师竟然真的把教材给熬煮出来了，能不让我扼腕慨然哉！

目前出版的学术论文写作教材，有外国的，有中国的，名家巨擘，插架森森。但往往是理论成分太多，引据论说，太过繁富，让学生深陷其中，不得要领；或者是以成功者的身份，高高在上地板着面孔说教。这让我想起自己刚上大一时，给朋友写信喜欢用繁体字来显摆，有位高中同学回信说：你现在是不是已经天底下放不下了？再写我不认识的字，就不要回信了！我经此棒喝后，从此再也不敢用繁体字写信了。

也正因为如此，记得当时和幼菁老师沟通时，我说希望这本教材能接地气，不枯燥，简捷明快，有实操性，而且所针对的受众，不局限于留学生，其他本科生读了，也能起到发踪指示的作用。接读林老师的书稿，我可以非常欣慰地说，她编写得远远超出我的预期，可谓是望外之喜。

我很难用什么词语来准确地概括林老师这本书，就是感觉和我读到的同类书确实大大地不同。全书共十二课，分为“了解学术论文”“明确研究主题的范围”“批判式阅读”“文献与数据库”“提纲的组织与安排”“文献的引用”“参考文献的格式”“写初稿”“小节的标题”“论文的修改”等十个部分，乍看起来似无新意，实际上却暗含着幼菁老师匠心独运的缜密设计。

“批判式阅读”与近年来流行的“批判性思维”相合，我以为是全书之眼睛，如果没有批判式阅读，就不能发现问题、分析问题并进而解决问题，那一切都谈不上。把“文献与数据库”“文献的引用”与“参考文献的格式”，不像同类书中多甩在最后，或者放在附录里，而是按重要性放在该出现的位置上，我想林老师不仅是按论文的写作程式，也一定是按学生的实际需求来如此安排的。因为就目前的状况而言，在电子化大数据时代，本科生不会使用数据库，文献的引用错讹百出，而参考文献的格式，更是繁乱自创，无有规范，令人啼笑皆非，林老师通过教学实践，敏锐地发现了这些问题并高度重视，正是打中了现在学生论文的症结之所在，岂非匠心独运乎！

林老师的书中，并没有罗列堆叠，称引繁富，而是语言简净，有的放矢。尤其让我称奇的是，幼菁老师心细如发，金针度人，再一再二，再三再四。比如她讲什么是“好问题”，先强调在理论与实践方面有重要性和独创性后，接着说：“是论文的作者在自己的时间、能力和资源范围内可以解决的。”在谈到论文题目的时候，她又说：“学会如何把题目缩小到自己可以掌控的范围，对于大学生来说，不仅务实，而且受用终身。与其写一篇题目十分宏伟、内容却浅薄空洞的论文，不如写一篇小而美的精致论文——题目小而明确，因而内容可以面面俱到、尽善尽美。”在谈到写初稿的要诀时又称：“不用斟酌语句和词语。不要停下来润饰你的语句，或者花很多时间寻找最恰当的词句。这个阶段的重点不是写出字字珠玑的完美语句，而是将所有信息快速地整合起来。”要摆正心态，不怕不完美，必须“尽情尽量地将已经收集到的文献信息和笔记要点无所遗漏地安放到论文中合适的部分里”。但这并不意味着就此了之，而是要在后期修改中，从主旨的表达、语法的正确、表述的简明、句子的长度、句子的衔接、句式的变化、避免陈腔滥调以及写作风格、选词依据、慎用俗语成语、避免模糊模棱、使用专业术语等方面，反复打磨，精益求精，比如“对于一篇合格的论文来说，没有语言错误，这是最起码的要求，应该一句一句地检查，把这些地雷尽可能地排掉”。

我读到这些段落的时候，有豁然顿悟之电光和会心一乐之畅美。我想差不多每一个经历过本科阶段的人，何尝不是如此，写论文总是贪多求大，只口吞天，远超出自己的驾驭能力，最后顾东忘西，敷衍了事。幼菁老师这些“看似平常却奇崛”的点石之语，应该既是从学生习作中归纳到的经验与教训，也是她本人的甘苦之言吧。

看林老师的书，我还深感她有一颗冷峻而慈悲的佛心。例如在谈到文献引用时，她开宗明义地指出：“同学们在学习写作学术论文的过程中，文献引用这一环节绝对必须经过严格、仔细的训练，否则很容易在写论文时有意无意地踩到‘剽窃’的红线，不但让之前的努力付诸流水，严重的话甚至损害自己的学术名誉。”这既是对目前学术界抄袭成风乱象的忧虑，又何尝不是对初学者慈航普渡的警醒与忠告！

林老师的比喻，非常形象生动。例如关于论文摘要的撰写，很多学生也不得其要，林老师说“摘要其实很像广告，要能吸引人注意你的论文”。这样的比方既通俗易懂，又能启人心目。她提出好的摘要必须具备两点：“吸引读者的好奇心，使他们想要读完整篇论文；使用的句子要简短，而且表达非常清晰。”在谈到相对于摘要及导言，论文的结论有四个不同：“不会提供背景细节；更着重在研究结果与发现的介绍；会提及研究的不足之处；会提及对未来相关研究的展望”。读了这些文字，我想学生对于论文摘要、导言与结论的异同与写法，应该了然于胸了吧。

本书给我印象深刻的，还有书中的大量事例和习题。首先，大量例文与习题，占到全书将近一半的内容，恕我孤陋，很少有教材这样编排。其次，所举之例并非全是高深的名家范文，更多的是同学们喜闻乐见的社会热点，如花时间看手机、珍珠奶茶、“医闹”现象、雾霾天气、《舌尖上的中国》等，更有学生骑电瓶车进校园等北大发生的事件。同学们看到这些接地气而生活化的事例，必然感同身受，有话可说，不至于没话找话，胡编乱造。再次，多数例子从始至终，贯穿全书。例如把林老师所举的关于“珍珠奶茶”事件的分析，按课本要求从头到尾做下来，就是从发现问题、分析问题、归纳材料到撰成论文的完整过程。这种做法，教师可以及时发现问题，有针对性地给予指导，学生逐步体会，边写边改，渐入渐深，可谓妙极。这充分说明林老师把教师的讲授与学生的练习，放在同等重要的位置，突出了教材的实用性与操作性，是本书别具特色的亮点。

林老师书中的精言胜义，所在多有，恕我笔拙，难以一一描出。她本科在台湾清华大学外语系苦读，又在该校获得语言学硕士学位，后来到美国加州大学圣塔芭芭拉分校攻读语言学博士学位，再到北大中文系任教，研究语音学及汉藏语语言学等。这些扎实的学问功底，以及南来北往的旅途体悟，东西方文化的熏沐浸染，让她有着开阔的胸怀与前沿的眼光，而学生的需要、同行的指导以及使用时得到的反馈，促使她在一轮一轮的教学实践中，不断地增删修改，使这本教材更趋成熟与完善。所谓铁杵磨针，功到自成，即此之谓也。

我和林老师每次在人文学苑中文系门口碰面，她老远就喜气盈盈地打招呼，然后骑着电瓶车欢欣而去。她跟我们一样，热爱生活，热爱学生，热爱这片土地。虽然我们生活在一个不怎么可爱甚至冰冷的尘世里，但有幼菁老师这样的同事同仁，我就觉得世界还有希望，我们中文系也还大大地有希望。

我不敢说这些拉杂凑搭的文字，就是为本书所撰写的序言，希望林老师和读者朋友们原谅一个“白头宫女”唠唠叨叨的絮谈。我只不过是把当年约稿的缘起，借机捋了一遍，把我给自己挖的坑儿，稍稍填一填而已。

时庚子（2020）暮春谷雨前六日

匆书于京北侨紫石斋

目　录

前　言

这不是一本让读者“轻松学会写学术论文”的书。像许多精深的学问与技巧一样，学会写学术论文需要持续不断的操练、积累、精进。但这本书会帮助你了解学术论文写作的主要环节，并且在每个环节都编有实用的练习。通过这些学习与锻炼，你会发现学术论文写作靠的不是灵感，而是批判能力、多元探索以及深度思考；而且，完成论文需要整合信息的技术，这一过程要求你具备足够的耐力、意志力与细致的观察。

如果你从来没有写过学术论文，那么你可以按照本书安排的顺序，从第一课开始了解学术论文写作与其他写作的不同。一想到写学术论文，人们经常会先构思一些“伟大”但难以在能力范围内实现的研究主题，所以第二课要介绍如何明确研究主题的范围，将太宏大的主题缩小，使之成为一份可以在能力与时间许可范围内完成的研究。我在指导本科生和研究生的过程中，非常惊讶地发现比例不低的同学对文献数据库所知甚少，更不要说运用数据库找到相关主题的专业论文，因此第四课特别以北大电子数据库资源为例，手把手带大家了解数据库及其使用的基本要点。然而，若要能充分运用数据库资源，使其在论文写作中发挥最大功效，使用的人必须具备批判性思考的能力，好筛选合适的相关文献。这就是为什么本书在介绍数据库之前，先在第三课安排批判性阅读的介绍与练习的原因。提纲不只是论文的骨架，更是能帮助作者汇整创新论点与文献信息的工具，能让初稿的撰写事半功倍，因此第五课将帮助你组织出信息充分的提纲。说到论文的写作，就不能不提文献引用。“查重”的环节近年越来越受重视，如何正确引用文献，规避剽窃风险，是第六、第七课的学习重点。

引用正确的其中一环是标注正确，参考文献标注是一种学术专业的体现形式，不同的出版方对参考文献的标注系统要求各异，所以第八、第九课以中华人民共和国国家标准之《信息与文献 参考文献著录规则》（GB/T7714—2015）为例，介绍两种常见的标注方式，在练习中你将学会阅读参考文献著录规则的要求，并按照不同系统的规定为自己的论文进行参考文献的标注。万事开头难，论文的草稿也往往是最难产的，第十课（“写初稿：论文结构鸟瞰与各部分撰写要点”）就是奔着解决难产问题而来的。论文结构每一部分的介绍提供了一系列的思考问题，论文撰写者可以通过思考并回答这些问题，在写下答案的同时完成一份非常简单的初稿，获得日后再精进完善的基础。第十一课介绍小节格式与分级原则，这一步做完了，论文就有了大致的雏形。然而，并不是到这儿就完事了。论文需要经过反复打磨，才能论证完备、语句精准、面面俱到。第十二课从“宏观修改”与“微观修改”两个方面，帮助你实施论文的修改，让论文一步步接近你心中理想的模样。

必须注意的是，这本教材的学习最好是在老师的指导下进行。虽然论文写作各环节的要点可以自行阅读学习，但是练习的部分必须有老师的指导，甚至需要同伴的审查。这些互动与锻炼是学习写论文非常必要的一环，毕竟学术论文本来就是与学术圈同行的种种对话，不是闭门造车，更不是孤芳自赏。专家与同行客观中肯的反馈能使你的论文更加完善，更有参考价值。

类似的话，也可以用在这本教材的撰写上。是学生的需要、同行的指导以及使用时得到的反馈促使我不断地增删、修改，让每年的课件都比上一年更接近完善，对学生更有帮助。因此我要特别感谢从 2015 年就在北大开始试用这本教材的本科同学。你们的认真投入、所提供的意见以及对教材的高度肯定，是我完成本书的一大动力。

第一课
了解学术论文

一、什么是学术论文

作文是大家从小学写到大学的，记叙文、说明文、议论文，各种文体的写作要点，大部分同学都耳熟能详。但是，会写作文并不就意味着会写学术论文。许多同学一上大学，就被任课老师要求期中、期末要“提交论文”。问题是：到底什么是学术论文？这是许多同学想问却又不知从何问起的问题。

大致而言，学术论文是一种特殊的写作体裁。它要求作者围绕一个主题，收集并分析相关资料与文献，然后将个人的领悟、对现象的观察以及研究所得的结果与相关文献整合起来。那么学术论文是如何整合这些信息的呢？简而言之，就是针对一个学术问题，将主要以及次要的信息组织好，呈现出来，并且得到一个具有启发性的结论。

我们先来看以下几个情况：

A同学非常喜欢到咖啡馆喝咖啡，享受充满咖啡香气的温馨氛围。喝着喝着，她突然很想知道这样使人愉快的饮料是怎么来的，于是她开始查找关于咖啡历史、制作方法、产地、咖啡豆区别等等的资料。阅读咖啡的历史资料时，她了解到原来咖啡还曾引起过战争，这让她想起以前读过的关于茶叶与战争的关系的论文。于是她决定写一篇关于咖啡与战争的关系的论文，将所有关于咖啡历史的资料和研究论文都收集来，集中研读其中关于战争的部分。最后她选定历史上几场由咖啡引起的著名战争，从原因、过程、结果三个方面分析其共同点与差异。通过这篇学术论文的写作，她对咖啡的认识便不仅停留在咖啡的香气与口味，而是深入到咖啡的历史，甚至世界的历史。

B 同学来自江苏的贫困农村。为了让他上大学，他的父母除了拿出自家微薄的积蓄，还向众多亲友借钱，才筹够了他的学费。放假回家，看到家乡简陋的土路每逢大雨就泥泞难行，他心里感慨万千。他想写一篇关于中国农村贫穷现状的论文，让大家了解农村生活的困境。在查找资料的时候，他才发现并不是所有的中国农村都处于贫困之中。他读了许多关于中国农村的报道以及研究报告，认识到了导致农村贫困的客观因素和主观因素。他为这篇学术论文所做的研究，让他不再用悲伤的情绪看待自己的家乡，而是客观、理性地分析造成这种现状的原因，并且为家乡的进步指出了应该努力的方向。

C 同学到美国留学，目前在纽约学计算机专业。他吃不惯西餐，无论下馆子还是叫外卖，都只点中餐。他认为西餐在口味上和中餐差异太大了，应该是中国人吃不惯的。为了证明自己的观点，他考察了各种饭馆的菜式，然后学习调查问卷的设计方法，自己设计了一份问卷，请在纽约留学的中国学生填写。出乎他意料的是，调查结果显示，喜爱西餐的中国同学其实为数并不少。最后他总结了几个影响中国人对西餐的接受度的因素：在美国生活时间的长短，老家在中国的哪个省份，与美国人接触的情形，西餐菜肴本身的特点（口味、食材、烹调方式等），以及受访者本身喜欢的食物口味，等等。

D 同学自从观赏了一部根据魔幻现实主义小说改编的电影后，就对魔幻现实主义非常着迷。于是她决定撰写一篇关于魔幻现实主义的学术论文。她不仅阅读了许多相关论文，而且阅读了更多其他魔幻现实主义作家的小说。在这个过程中，她了解了影响魔幻现实主义发展的社会背景和哲学思想，并且认识了几位这个领域的代表作家。她一个一个地去查找关于这些作家的资料以及相关的学术论文，最后整理出这些作家的共同点以及差异之处。通过这篇学术论文的写作，她对魔幻现实主义有了既深入又全面的认识。

学术论文与一般的作文有什么不同？在学术论文中，你会看到以下的环节：

（1）学术论文会有条理地汇总已经发表的相关研究，将它们融合到文章里；

（2）学术论文会对概念、事件和现象做出比较、评估或分析；

（3）学术论文关切一个有争论的主题，并对争论的立场做出论证。

请记住，撰写学术论文除了满足修习学业的要求，更重要的是通过这篇论文达到以下目的：

（1）呈现一般人没有注意到的重要信息；

（2）详解一种重要的概念；

（3）使读者改变、停止或开始一种行为或习惯；

（4）使读者对一个具有争议的事物改变看法。

所有的这一切都建立在客观事实（已经发表的相关研究）的基础上，与你自己的主观感觉没有直接的关联，所以不是在发表你自己的意见或感受（所以，某某作品的读后感不能作为论文的题目）。

一篇好的论文会具备以下三个要素：

1. 从一个好问题出发

所谓的“好问题”，意思是这个问题：

（1）在理论或者实践方面有重要性；

（2）有独创性，不一定是没人提过的问题，也可以是提出的方法或角度很特别；

（3）是论文的作者在自己的时间、能力和资源范围内可以解决的。

2. 使用系统化的研究方法

每一项学术研究都有一套研究程序和方法。“系统化”的意思是这套研究方法能清楚地呈现出来，而且妥切合理。如果其他人使用同样的研究方法，可以毫无困难地重复操作。

需要注意的是，很少有研究方法是十足完美的，所以研究方法不需要无懈可击。但是研究者如果可以具体指出所用方法的弱点，并论证该弱点不影响其研究的结果，反而能展现自己对该研究方法的了解是深入的。

3. 提出有效的回答

一篇好的学术论文对问题所提出的答案应该是非常有效的。也就是说，这个答案是目前所收集到的信息中所能得到的最佳答案。如果最后呈现的答案这个也可以、那个也可以，没有头绪，那么这样的回答就是无效的。

二、论文主题初步探索

学术论文的主题要怎么选呢？原则上来说，写学术论文并不像写作文，由老师定一个题目，每个人从自己的角度抒发感想或铺陈记叙。每个人选的论文主题及内容必须与已发表的论文有所区隔（否则容易发生违反写作规范的最严重情况——剽窃。详见第六、第七课）。有时候，论文指导老师或者专业内的专家学者可以给我们指点迷津，建议一些值得探究的主题，但更多的时候写论文的人得自己寻找可行的、原创性的题目。要做到这点，可以从以下几个方向着手。

1. 看看过去的研究有哪些缺失

你可以从相关研究领域收集一些研究资料，了解一下过去的类似研究究竟有哪些缺失或是有哪些问题尚未解决，就可以参照相关的问题，将它转化为自己的研究题目。

2. 依样画葫芦地确定研究题目

如果仍然无法找到合适的题目，也可以将已有的研究题目转化为自己的研究题目，例如，一个研究题目是“北京市小学教师的知识管理与教学技能的关系研究”，而你恰巧掌握天津市的类似材料，就可以做一个“天津市小学教师的知识管理与教学技能的关系研究”。这两个题目看起来相似，只是研究的区域和对象不同，但这样的研究并非不可行，只是你要吃透人家的理论和方法，才能用来深入分析你所掌握的材料，才能得出并非人云亦云的有价值的结论。

3. 阅读最近发表的学术论文，搜寻值得研究的题目

你可以使用数据库（如“中国知网”）搜寻、浏览相关主题的论文，了解相关的研究人员最近在研究什么议题。多读一些最近发表的论文（首先是摘要），就可以了解某一项研究议题的重要发展与重要研究成果。在这个过程中，如果你善于思考，就一定会受到启发，找到你想要研究的题目。

4. 从理论中来演绎题目

你也许对于某些理论充满了好奇，比如某一文艺理论。如果你对该理论产生了怀疑，就可以按照理论所涵盖的文学类别，多找一些具有代表性的作品来阅读并且研究，看看该理论是否能解释所有的作品。像这样以质疑理论为出发点，也许就可以让你找到值得研究的题目。

5. 从个人的经验中寻找题目

你也可以从个人的生活经验、学习经验、工作经验或其他经历来寻找研究题目。个人的经验不一定正确，但是正因为不一定正确，所以需要有严谨的研究过程来检视，才能掌握问题的真相。例如，身为大学生，对于在校学习的各个环节以及社团活动、宿舍生活或学校周围环境当中存在的问题更加敏感，就可以真正地投入时间，选用研究方法并搜集资料来深入地探讨这些问题。从个人的经验中寻获的选题，也许较能贴近研究者的生活及视野，所以在论文主题以及研究方法的掌握上就相对容易，而且能做弹性的调整。当然，研究方法的选用需要事先阅读相关文献，才能做出科学合理的判断。

以上几个方向有一个共同点，那就是需要以相关的资料作为判断的依据：第 1~3 项主要是研究论文，第 4 项要阅读作品以及阐释理论的专著，第 5 项则需要参考研究方法的文献并且系统地收集一些有代表性的信息。在这个阶段可以从你手边已有的材料入手，如果基础材料不够充足，则可以查找相关文献。文献的查找请参阅第四课“文献与数据库”。

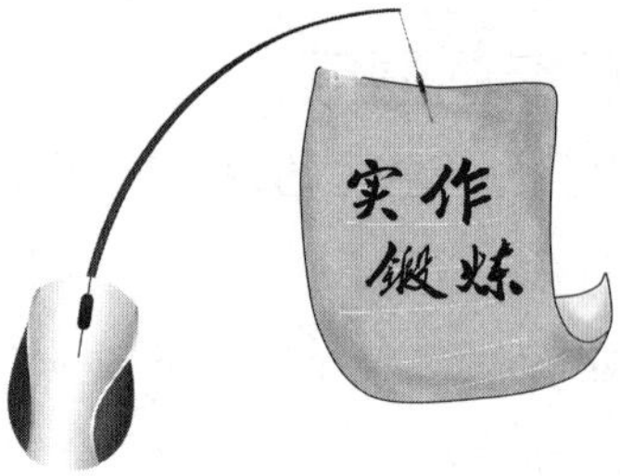

论文题目的思考

如果你在之前修习的课程中已经按照授课教师的要求撰写过论文或者与指定主题相关的文章，可以从第 1 题开始作答。请在已经完成的论文中挑选一篇原创性较高（不是东摘西抄勉强拼凑出来的）、涉及理论以及你个人观点的，在这里进行分析。

如果你还没写过任何论文，请直接从第 3 题开始作答。

请再仔细阅读本课内容，并回答下列问题：

1. 第一节“什么是学术论文”中提到了学术论文应有的三个要素，请问你的论文是否具备这些要素？哪些要素已经充分具备了，哪些要素还有欠缺？

2. 针对你现在已经选好、要在这个学期使用的论文，你认为自己可以适当地补充有欠缺的要素吗？如果觉得可以，请说明如何补充。如果不可以，请填上“不可以”并回答第 3 题。

3. 如果你认为这篇选定的文章 / 论文的主题无法写成一篇好的论文，或者之前没写过论文，那么请详细阅读第二节“论文主题初步探索”，仔细考虑自己可以从哪一个来源寻找题目。（第 2 题填写“可以”并完全作答的同学请跳过这一题）

4. 所有同学都仔细阅读第二节“论文主题初步探索”，然后在下面描述自己选定的题目是哪一类，请写出：

（1）论文标题：

____

____

（2）题目种类（五选一）：

____

____

（3）内容概要（50~100 字，必须具体）：

第二课 明确研究主题的范围

一、缩小题目范围的必要

你的兴趣、感觉和想法催生了最初的题目，这能保证我们具备继续努力推进的动力。但是很多时候我们想出来的题目对我们的论文篇幅限制来说都太大了。所以，我们得将题目的范围缩小到更明确而且适合论文篇幅的范围。当然，这个题目还必须具备一系列相关的研究问题和讨论内容，并且在论文中得到充分的阐述。

缩小题目范围的最好方法是：阅读更多的相关资料，做一些相关的调研，和指导老师及同学一起讨论。

许多同学在第一次提交论文题目时，题目太大，研究范围太广，例如：

论儒家对中国的影响
鲁迅对中国文学的意义
文学之美
老舍小说赏析
论网络文学
《西游记》研究

之所以会提交这样的题目，显然是因为同学们并不知道这些都是需要花费一辈子去钻研的课题（比如说，要是把题目定为“鲁迅对中国文学的意义”，这里头的“中国文学”就是一个非常庞大的概念——上下五千年的文学，从何谈起呢？）。一般而言，我们写期末论文最多只有两三个月的时间，即便是学年论文和毕业论文，也只有半年多的时间就必须完成，更不用说一般学生的研究功底根本不足以从事范围如此广大的研究了。

所以，学会如何把题目缩小到自己可以掌控的范围，对于大学生来说，不仅务实，而且受用终身。与其写一篇题目十分宏伟、内容却浅薄空洞的论文，不如写一篇小而美的精致论文——题目小而明确，因而内容可以面面俱到、尽善尽美。

比如说，要写关于鲁迅的论文，就要把笔墨集中在鲁迅的某一个方面，而不是什么都谈（不仅写鲁迅的作品、家世、成长背景，还要谈作品的哲学思想、作品得到的评论、成名的过程、在文学界的朋友和敌人等等）。我们可以将讨论集中在鲁迅所使用的一种特殊修辞手法，或者作品的主要特点，或者将鲁迅写作的某些方面和其他作家做一个比较。

除此之外，这一类的题目还可以从以下几个方面加以明确并缩小范围：

（1）按时间，如“晚年的鲁迅”；

（2）按地点，如“鲁迅在日本”；

（3）按地位，如“鲁迅与白话文运动”；

（4）按类别，如“鲁迅的小说”或“鲁迅的杂文”。

还有许多其他可以用来缩小题目范围的方式。比如，上面“鲁迅的小说”这个题目，还可以进一步缩小，变成：

题目：

鲁迅与张爱玲小说中的恶人

依据：

只讨论小说，只讨论恶人，比较鲁迅与张爱玲如果可以的话，最好多方考虑，得到好几个范围明确且合适的题目。然后，在下定论前，把每个题目都拿出来思考一遍，思考的时候要问自己以下几个问题：

（1）我真的对这个主题感兴趣吗？

（2）我对这个主题有多少了解？我所掌握的知识是否足够支持我深入探索这个题目？

（3）如果真的要以这个题目做学术研究，我的强项和弱项分别是哪些？我可以做些什么来补强我的弱项？

（4）我可以为这个题目找到足够的参考文献吗？

例如，针对上面这个缩小的题目“鲁迅与张爱玲小说中的恶人”，要写这个题目的人就应该先读一些鲁迅和张爱玲的小说，在阅读过程中特别关注两位作家如何塑造恶人的形象。如果能自己先从写作手法或人物个性上做些整理，就会清楚这是不是一个值得研究的题目。

最后一个问题非常重要，因为许多学生都会遇到一个状况，就是好不容易缩小主题范围选定了一个题目，查文献时却发现可以参考引用的资料少得可怜。所以强烈建议在最后选定题目之前，花点时间快速检索学校图书馆的资源。完善的文献引用是学术写作很重要的一环，没有充足的参考文献，很难写出合格的论文（文献的查找请参阅第四课“文献与数据库”）。

以上四个问题都值得好好深思。如果你最后选定的题目满足以上四个条件，那么你的写作过程将充满探索的乐趣，你本身对主题的认识能帮助你形成自己的论点，而参考文献能进一步支持你的论点，这样，你的学术论文就会有较大的参考价值，而且能吸引人阅读。

二、陈述研究问题

每一篇论文都应该回答研究问题。当选题开始明确、范围合适的时候，就可以清楚地陈述研究问题了。例如：

题目：

鲁迅与张爱玲小说中的恶人

研究问题：

◎ 鲁迅和张爱玲的小说分别塑造出了什么样的恶人？
◎ 这些恶人是否各自都不同呢？他们之间有什么共同点？有什么差异？
◎ 两位作家的描述手法、描写角度有什么差异？
◎ 是什么造成了这些不同呢？

事实上，如果带着这些实际问题来阅读两位作家的小说，你就极有可能发现更多值得研究的问题。换句话说，上面这些研究问题是确定方向的指路牌，而你一旦走上这些指定的道路，就可能发现更多值得探讨的相关问题，且能进一步缩小论文的范围，使之更加明确合适，且具备其他人所没有的创新价值。

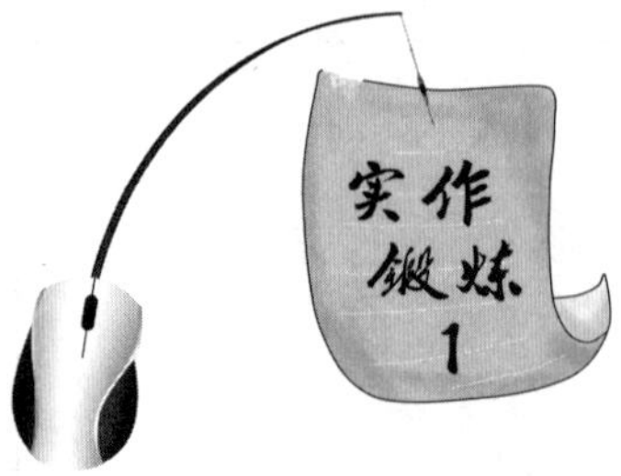

陈述研究问题：论文分析

阅读附录 1《校园绿地夏季小气候效应分析》，并回答下列问题：

1. 请阅读第 1~3 段，回答下列问题（这些问题都是论证论文主题合理性的问题）：

   （1）为什么要就大学校园绿地进行分析？（不超过 30 字）

   （2）为什么要挑选北京大学的校园来进行该论文的研究？（不超过 50 字）

   （3）该论文的研究想填补一个研究上的空白，请问是什么？

2. 作者收集了哪两种与气候相关的数据？

3. 作者是否实现了当初计划的研究目的？你的答案是在哪一段或哪几段找到的？

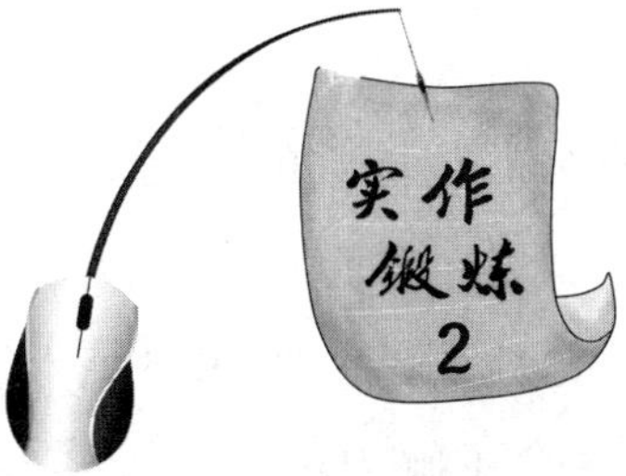

向学习同伴说明自己的研究主题和构想

许多有价值的研究主题都是研究者与自己的同行伙伴热切讨论后的产物。同伴的聆听、提问甚至质疑都可以帮助研究者对自己所确定的研究主题有一个更清晰的认识，看清楚哪些想法实际上不可行，哪些想法真的很不错。这份练习的重点是让你将自己在第一阶段已有的想法用清晰的语言表达出来，然后在第二阶段对自己的同学讲解，直到对方完全听懂。第二阶段担任听者的同伴应该尽量主动地提出问题，把一些自己理解不了，或者可能误会的点弄清楚，这样能很有效地帮助同学更好地把握自己的论文题目。

一、自我准备（20 分钟）：

请用简单的语言，就你的论文题目，回答下列问题。将回答写在每一个问题下面的空白处。这个阶段，按照你最初定的论文题目和内容回答就可以了。

1. 你的论文题目是什么？

2. 你准备研究这个题目的哪些方面？

3. 你为什么要研究这个题目？你想解决什么问题？请具体说出问题。

讨论的同伴姓名：

二、与同学脑力激荡（40 分钟）：

（20 分钟集中讨论一位同学的问题，另外 20 分钟讨论另一位同学的问题。）

假设一组有 A 和 B 两位同学：

1. 先由 B 同学提出以上三个问题，A 同学负责一题一题地回答。如果 B 同学不是完全了解 A 同学的回答，可以提出疑问，直到完全了解为止。

2. 然后 A 同学和 B 同学一起思考 A 同学的论文可以怎样缩小范围，使它明确且可行。请把你们想到的几方面写在 A 同学的这一栏：

   （缩小范围的几个方面，请分条列举，并在每一项后面写上你的研究问题。这时候研究的问题应该也开始具体了。）

20 分钟结束后，换 B 同学进行报告，并进行同样的讨论程序。

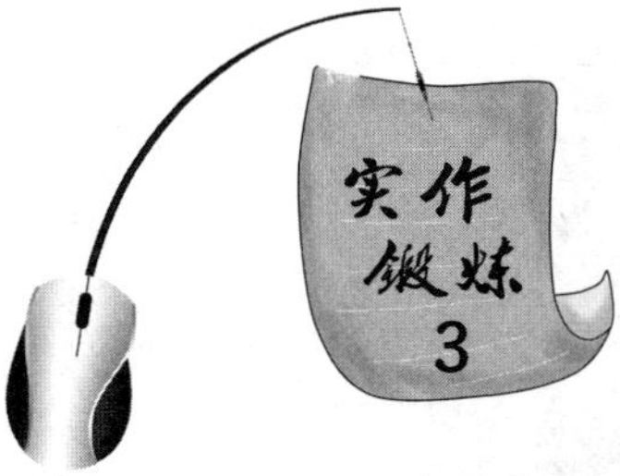

进一步深度构思研究主题

请用清楚有条理的方式填写以下栏目，帮助自己思考：

1. 你原来的论文题目是什么？

2. 根据同伴的反馈，你决定从哪几个方面缩小题目？缩小后的题目是什么？请分条列举。（请参考本课第一节的内容）

3. 每一篇论文都应该回答研究问题。你的每一个题目要回答什么问题？请分条列举。（请参考本课第二节的内容）

第三课
批判式阅读

一、什么是批判式阅读

批判式阅读是一种特别的阅读方式，和一般以理解、总结、综述、获得知识为目的的阅读方式不同。批判式阅读要求我们以思辨的方式，检视文章使用的概念、表达的观点以及推论的方式是否有盲点、漏洞等，同时要凭借我们已有的知识以及查找资料所获取的相关信息，做出周延的、正确的判断。

一开始进行批判式阅读时，你就要提出三大问题，并在文章里找答案：

（1）什么：内容主要关切到什么？作者想表达什么观点？

（2）如何：作者如何论证？（采用什么论据？）

（3）为什么：作者为什么要这样写（为什么选择这个立场，而不是其他的角度，为什么采用这些论据来论证，等等）？

所以，用批判性的眼光来阅读文献，就是要知道作者的想法，却不要被作者的想法带着走。在阅读的时候，一定要时刻提醒自己问问题，并要求自己做到以下两点：

（1）找出论文中所提的假设与论点，并加以分析；

（2）从历史、文化和社会等背景考虑论文的主题。

比如说，当你读到一篇批评学校电瓶车管理办法的文章时，就要先掌握作者对电瓶车管理办法的观点是什么，拿出了什么证据来支持他的观点。而且，作者为什么会提出这样的观点呢？他是在什么样的文化、政治、历史、社会甚至国家的背景下提出这样的观点的？只有在掌握这些信息的情况下，你才能决定文中的观点是不是你所认同的。

批判式阅读是一种边读边与论文作者做内在对话的过程。我们并不全盘接受作者提出的论点。当作者认为一件事是很稳定的，你可以进一步思考：难道不会有变化吗？当作者提供一个正面的观点，你可以思考：如果是负面的会是什么情形？这是一种主动性非常高的阅读过程，因为我们不是被动、闲散地阅读，所以会注意到一般阅读时不会注意到的点。

批判式阅读可以从以下几个方面进行：

（1）比较你自己的观点和论文作者的观点；

（2）在文中所讨论到的事物中，发现一些没人注意过但非常重要的联结；

（3）讨论两件乍看之下类似、但其实本质上根本不同的事物；

（4）检视同一件事物的不同方面；

（5）从同一件事物的外部与内部进行讨论；

（6）从同一件事物的过去与未来进行讨论。

二、批判式阅读与论文主题的选定

好的论文应该有一个明确的主旨论点，而且这个论点会带来一定的争议，也就是说，看到这个论点时，人们会合理地产生不同的意见。一篇有说服力的论文都会带有一个有争议的主旨论点。因此你必须有能力区分有争议的和无争议的论点。如果一个论点是被普遍认同或接受的既定事实，就没有写论文说服人们的必要。下面我们来看两个例子的对比：

论点 1：免疫力变差导致容易生病

这个论点是一个经过科学实证，大家凭经验也可以普遍验证的事实。人体的免疫力和抵抗细菌与病毒有关，免疫力强，则能抵抗许多细菌和病毒入侵人体。没有人可以合理地认为跟免疫力好的人相比，免疫力较差的人较不容易生病。

论点 2：人们应该通过锻炼身体提高免疫力

这个例子就是个有争议的论点了，因为人们可以合理地不同意这个观点。

有些人可能真的因锻炼身体而变得不容易生病，因此赞成这个论点。其他人可能会认为正确的饮食才是提高免疫力的最好手段。另外可能也会有人说若无适当合理的作息，就算锻炼身体也无法提高免疫力。

批判式阅读不但可以让我们的思考更清晰、更有条理，对我们的论文写作也有很大的帮助。如果我们在查找、阅读文献的时候能够进行批判性阅读，而不只是将有关信息收集起来，那么，我们在阐述论点的时候就会更有深度，因为我们是在不断地与相关论文的作者进行对话，有时候支持对方，有时候补充对方的不足，有时候则使用明确的证据和论证反对对方。这个过程经常能帮助我们找到新的研究方向和主题，使我们在现有研究的基础上，走出一条创新的路。

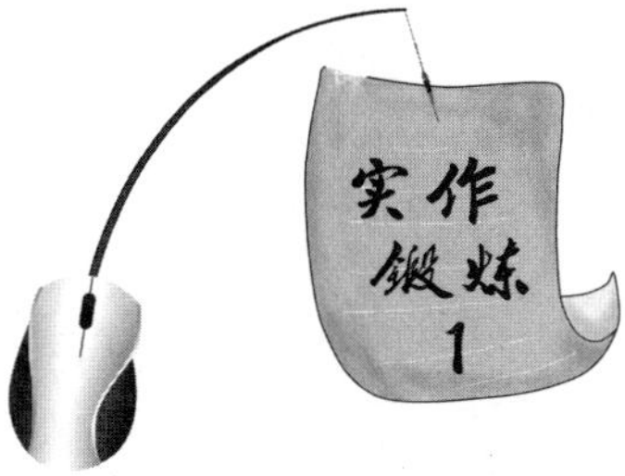

批判式阅读（1a）

以下两个练习是为了锻炼你从各种角度来分析同一个问题，除了了解文章作者已陈述的观点，还能帮助自己想到文章中没有讨论或考虑到的一些要点。在这些练习中，你必须假设作者的观点不一定正确，并且要进一步分析作者论述的逻辑性，调用你的常识与相关知识，做更多方面的思考。

阅读下面文字，回答问题：

在决定要长期做什么工作前，年轻人应该尝试各种不同的工作。不要一开始就打定主意只在一个地方做一个类型的工作，这样会失去找到最适合自己的工作的机会。应该每一种工作都做一段时间，如此才能实际了解工作的内容、性质，并知道这工作适不适合自己。与其到老了才后悔工作不适合自己，不如趁年轻的时候多尝试，然后选择最适合自己的工作，快乐地做一辈子。

1. 作者写这一段的目的是什么？

2. 作者在文中点出了一个问题，是年轻人尝试各种工作可以解决的，是什么问题？

3. 作者提出他的主张时，用什么来支持自己的观点？

4. 你同意作者的主张吗？为什么？请用证据支持自己的论点。

5. 现在从反对的立场来看这一段，你能找到什么反对的论据？

6. 现在，从另一方面考虑，作者提出的问题有没有更好的解决办法？

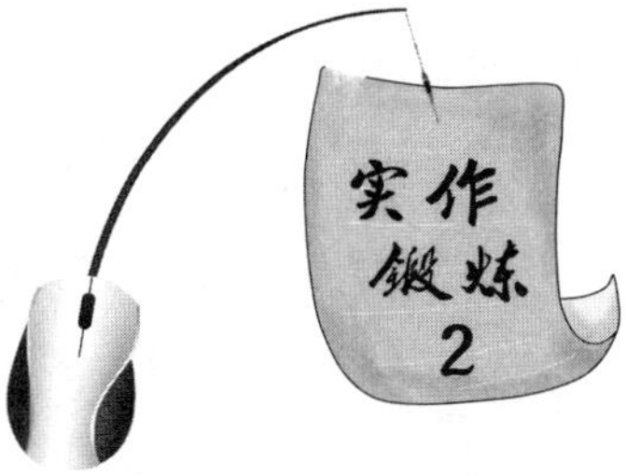

批判式阅读（1b）

阅读下面文字，回答问题：

年轻人应该很早就确定工作，并且长期地做，不应该一直换工作。所有的工作都需要长时间努力才能积累丰富的工作经验，使自己成为这个领域真正的专家，这不是短期工作可以达成的。尽管有人因为多方尝试找到了喜欢的工作，但是也有人换了许多工作还是找不到适合的，白白浪费了宝贵的时光，最后同时期毕业的同学都当上公司主管了，自己还得从小职员干起。所以，年轻人要早早选定工作，然后长期坚持。

1. 作者写这一段的目的是什么？

2. 作者提出他的主张时，用什么来支持自己的观点？

3. 你同意作者的主张吗？为什么？请用证据支持自己的论点。

4. 现在从反对的立场来看这一段，你能找到什么反对的论据？

5. 现在，从另一方面考虑，作者提出的问题有没有更好的解决办法？

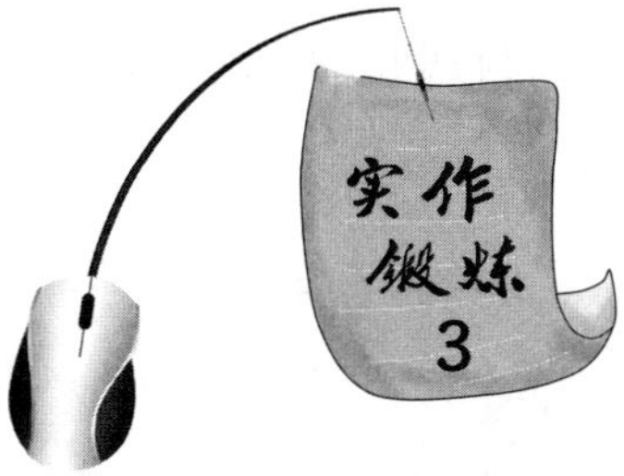

批判式阅读（2）

经过了“实作锻炼 1”和“实作锻炼 2”的练习，相信有不少人发现自己的批判式阅读能力需要多锻炼，照着本课所指的几个方向，结合实际生活的常识和已学的知识，在阅读的过程中进行更全面的批判性思考。

进行本组练习前，请再次阅读本课课文，然后熟悉一遍“实作锻炼 1”和“实作锻炼 2”的正反面思考过程。这次的练习没有列出正反的意见，由你来列出可能的批判论点。

阅读下面文字，回答问题：

学生骑电瓶车进校园是有必要的。有不少学生住在校外，骑电瓶车比乘坐公交车方便，且不容易堵车。虽然现在共享单车到处都有，但对于路途较远的学生来说，骑自行车实在是耗时耗力；而且高峰时间一车难求，难免耽误上课。因此，骑电瓶车进校园是很好的选择。

1. 作者写这一段的目的是什么？

2. 作者在这里点出了一个问题，是骑电瓶车可以解决的，是什么问题？

3. 与“骑电瓶车进校园”这件事相关的有哪几种人？各自可能会有什么样的观点？作者是以哪种人的立场来提出主张的？

4. 作者提出他的主张时，用什么来支持自己的观点？有哪些是自己主观的意见，哪些是客观的事实？

5. 你同意作者的主张吗？为什么？请用证据支持自己的论点。

6. 作者的论述有没有什么问题？（因为这是批判式思考的练习，请不要轻易写下“没有问题”这样的答案。）

7. 现在，从另一方面考虑，作者提出的问题有没有更好的解决办法？

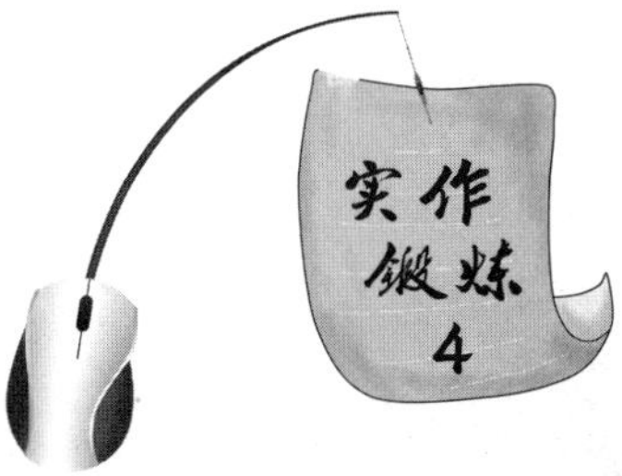

主旨论点的争议性

完成下列练习：

1. 以下所列出的主旨论点中，有一些是人们普遍接受的既定事实，因此不具争议性；其他的则会造成争议，人们可以合理地不同意。请判定哪些论点具有争议性、哪些不具争议性。在空格处给具有争议性的论点画“○”，不具争议性的论点画“×”。

　＿＿＿＿（1）许多学生花大量时间在看手机。

　＿＿＿＿（2）明星都不该是人们学习模仿的榜样。

　＿＿＿＿（3）珍珠奶茶是受欢迎的饮料。

　＿＿＿＿（4）纽约流浪汉很多。

　＿＿＿＿（5）学生应该在使用手机上受到监管。

　＿＿＿＿（6）许多明星成了人们学习模仿的榜样。

　＿＿＿＿（7）北京市机动车的数量近年来增长幅度非常大。

　＿＿＿＿（8）纽约政府应该帮助并改善流浪汉的生活质量。

　＿＿＿＿（9）有许多人骑电瓶车不遵守交通规则。

　＿＿＿＿（10）贫困家庭的儿童往往无法接受好的教育。

　＿＿＿＿（11）机动车增长幅度大是北京市交通拥堵的最大因素。

2. 请将第 1 题中不具争议性的论点分条列举出来，并且将它们转换成有争议性的论点。如果一个不具争议性的论点已经在第 1 题有了相应的具有争议性的论点，就不需要在此列出。

第四课

文献与数据库

为学术论文查找文献，一般的方式是查询图书馆馆藏，寻找图书与期刊的纸本与电子版。现在以北京大学图书馆为例，演示查找文献的步骤。

首先，登录图书馆首页：http://www.lib.pku.edu.cn/portal/。

如图 1 所示，图书馆首页有一个搜索框，上方有几个可以搜索的界面（“未名学术搜索”“馆藏目录”“数据库”“电子期刊”）。搜索步骤如下：

1. 点击“馆藏目录”
2. 在搜索框键入欲搜索之关键词
3. 点击“搜索”

图 1　查询馆藏目录

馆藏目录搜索的结果可以让我们知道图书馆是否收藏了标题含有关键词的图书和期刊。如果搜索结果显示有纸本，就可以前往图书馆阅览或借出；若有电子版，可以直接在图书馆的网页上浏览。如果写论文的人已经知道要参考哪几本书或期刊，可以在这个界面搜索图书馆的馆藏。然而，对于需要了解相关主题的研究及其进展的人，这样的搜索结果帮助有限，应该通过数据库的使用掌握所需的文献信息。

一、浏览数据库

由于国内网络与电子化技术的进步，现在许多学术资源都已经有电子版可供查询并下载。国内有许多专业数据库收藏了各类学术文献，资源丰富。对从事学术研究与写作的人来说，学会使用数据库，能帮助我们快速而全面地搜查并获得相关的文献，了解相关领域最新的研究进展和研究方向。

以下将简单介绍数据库界面的浏览功能，然后就“中国知网”这个数据库进一步介绍查找功能，演示如何使用这个数据库的资料加上批判性的思考过程，帮助我们确定论文题目与大致的内容。

首先，各大学的图书馆都收录了许多种文献数据库，想要知道学校购置了哪些数据库，可以使用“浏览”的功能，进入“数据库导航”页面（图2）：

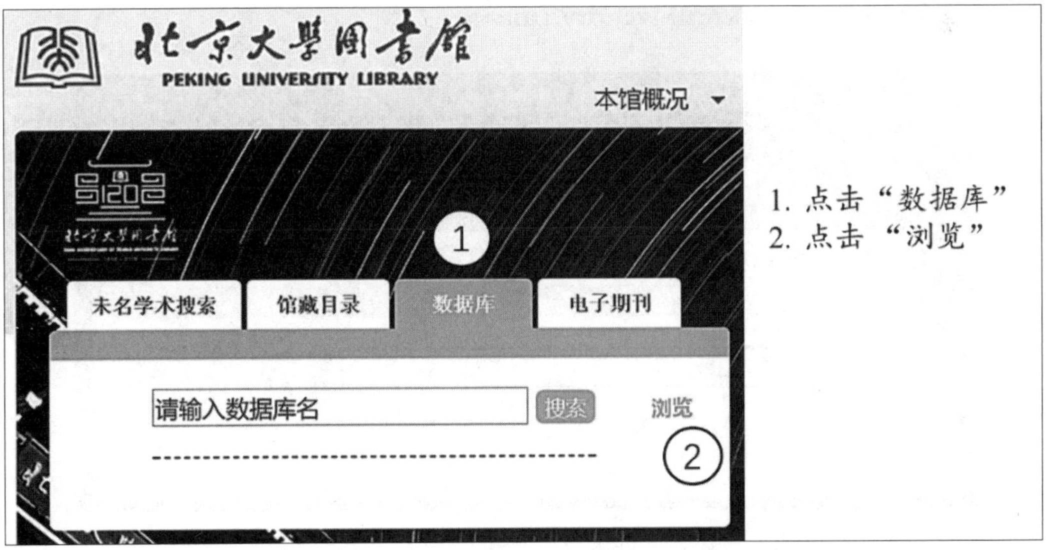

图2　浏览数据库列表的步骤

北大图书馆拥有多语种数据库，在导航的页面，可以按数据库名称字母、学科以及语种进行浏览。例如，在“语种浏览”一栏点击“中文”，即可浏览所有中文数据库（图 3）：

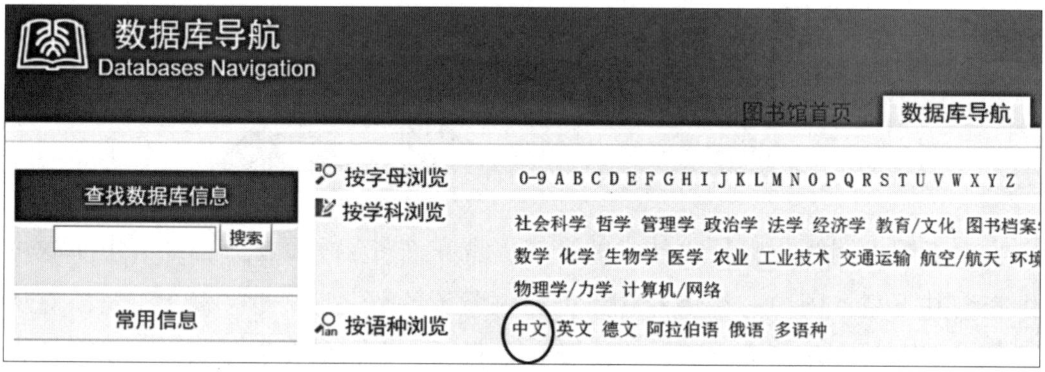

图 3　按不同条件浏览数据库列表

我们可以用以上浏览方式找到“中国知网”这个数据库，也可以直接在北大图书馆首页点击“数据库”，然后在搜索框中输入“中国知网”进行搜索（图 4）：

图 4　直接在“数据库”界面中键入“中国知网”

然后，直接点击“中国期刊网络出版总库”进入中国知网首页。

二、使用批判性思考的方式筛选搜索结果

如果你还在确认论文的主题，可以使用批判性思考的方式来筛选文献，从而确认值得研究的题目。比如，很多人都接触过珍珠奶茶，也对珍珠奶茶有一定的认识，那么我们就可以在知网的搜索框中输入“珍珠奶茶”。知网收录的文献类型很多，包括了学术期刊、博硕论文、会议论文、报纸、年鉴、图书、古籍、政府文件等等。在这个阶段我们可以只勾选“学术期刊”，这样搜索的结果就只显示学术期刊这个类型的文献（图 5）：

图 5　中国知网文献主题搜寻（关键词：珍珠奶茶；条件限定：学术期刊）

很多同学都很喜欢喝珍珠奶茶，但是知网搜索出来的结果，有许多都让珍珠奶茶感觉起来不再那么吸引人了，甚至有不少讨论是负面的。例如第 5、6、8、14、17、19 篇文献的题目都提到珍珠奶茶的坏处，文章的立场大致都是“不该喝珍珠奶茶”，而且有客观事实作论据。

针对这样的立场以及这些论文，我们可以进行一些批判性思考，提出以下问题：

（1）如果珍珠奶茶里没有牛奶（文献 6），“珍珠”又是塑料做的（文献 19），为什么这么“恐怖”的饮料那么多人喜欢，喝的人那么多？

（2）大家喜欢珍珠奶茶的原因究竟是什么呢？

（3）所有的珍珠奶茶都像这些论文里说的这么糟糕吗？难道不能好喝又健康吗？

（4）能不能保证珍珠奶茶质量，让人放心喝珍珠奶茶呢？

带着这些问题，我们再审视一次搜索结果，然后就会发现问题（1）（2）或许可以在第 13、18、20 篇文献中找到解答；而问题（3）（4）可以参考第 1、2 篇的内容，看看是否适用、可行。以这些思考与文献为基础，我们可以订出一个这样的题目：

珍珠奶茶，喝还是不喝？

同时，针对这个题目，我们提供上面四个思考问题为研究问题，然后按问题的性质选取文献并大致归类。

三、为已明确范围的题目搜索文献

对已经明确范围而且拟好了研究问题的题目，我们可以用高级检索的功能来查找相关的文献。以下我们拿一个之前已经明确范围和研究问题的题目来试一试。

题目：

鲁迅与张爱玲小说中的恶人

研究问题：

◎ 鲁迅和张爱玲的小说分别塑造出了什么样的恶人？
◎ 这些恶人是否各自都不同呢？他们之间有什么共同点？有什么差异？
◎ 两位作家的描述手法、描写角度有什么差异？
◎ 是什么造成了这些不同呢？

在高级检索中，我们可以限定只检索期刊论文，并且在检索条件中指定只有“篇名”符合我们指定的关键词，才显示文献资料。

（一）确定是否有人发表过类似题目的论文

使用数据库和网络检索有一个非常重要的任务是人人都要做的，那就是确定我们所要研究的题目是别人没有发表过类似论文的。如果我们在检索结果中发现已经有人写过“鲁迅与张爱玲小说里的坏人”“鲁迅与张爱玲笔下的恶人”“张爱玲与鲁迅刻画反派人物比较”等等这些题目，那么“鲁迅与张爱玲小说中的恶人”就不适合作为研究主题了，除非我们确信自己的论证可以比这些论文更深入，或者论证角度是全新的，或者提出的证据是这些论文没有提过的，那么就还可以试试。如果发现原先拟定的研究问题已经有论文回答并讨论得很详尽了，那么就不宜再重复写一篇内容大同小异的论文了。

要确认有没有人发表过我们所拟定的这个题目，可以在检索的时候指定篇名有“张爱玲”“鲁迅”“恶人”这三个关键词。此外，也可以用“坏人”“反派”来取代“恶人”（图6）。

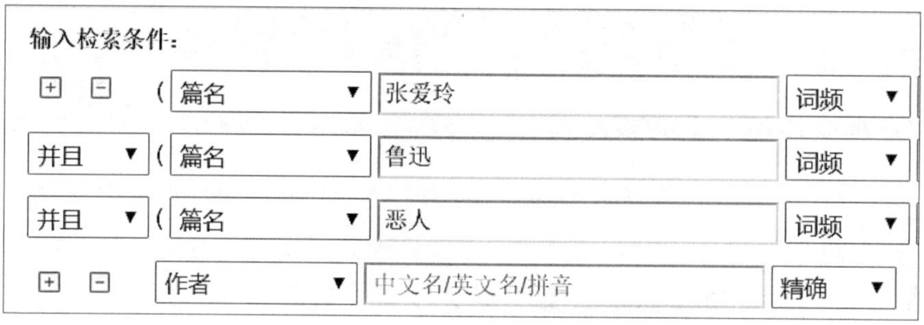

图 6　高级检索（条件限定：篇名含关键词）

目前这套组合在知网检索的结果都是相关文献为 0 篇，所以我们可以确认这个题目是没有期刊发表过论文的。

我们还可以在百度上使用以上的关键词搜索，如果也没有符合条件的论文，那么基本上就能确认这个题目具有创新性，是值得进行的研究。

接下来，就“鲁迅与张爱玲小说中的恶人”这个题目，我们可以分开搜索“鲁迅”和“张爱玲”。之前的搜索已经发现，用“鲁迅”或“张爱玲”加上“恶人”作篇名，是查不到资料的。如果“恶人”和“坏人”都查不到资料，可以将关键词的语义范围扩大，改用“人物”这个关键词来搜寻（图 7）：

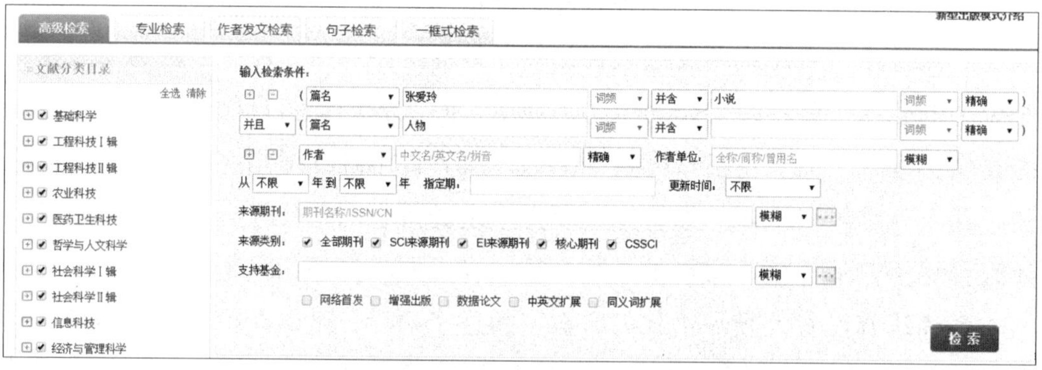

图 7　在原来的关键词搜寻不到文献时，扩大关键词语义范围搜寻

当我们在高级检索中指定篇名有“张爱玲”“小说”和“人物”时，就得到了 56 篇文献，共 3 页。第 1 页 1~14 篇显示如下（图 8）：

☐	篇名	作者	刊名	发表时间	被引	下载	阅读
☑ 1	张爱玲小说中女性人物形象的悲剧性研究	何宗龙	湖北经济学院学报(人文社会科学版)	2016-01-15	3	784	HTML
☐ 2	张爱玲小说中的服饰与人物	赵琴玉	涪陵师范学院学报	2007-01-08	7	626	
☑ 3	张爱玲小说中男性人物形象分析	尹正纯	保山师专学报	2008-11-15	4	1229	
☑ 4	张爱玲小说人物形象的悲剧美学体现	马建高	盐城师范学院学报(人文社会科学版)	2000-08-25	10	890	
☑ 5	绣在屏风上的鸟与倔强的灵魂——张爱玲与简·奥斯汀小说女性人物形象之比较	刘晓克	高等函授学报(哲学社会科学版)	2009-08-25	6	766	
☑ 6	张爱玲小说中的人物变态心理探析	荏圆圆	湖北职业技术学院学报	2015-06-25	1	142	HTML
☑ 7	“新传奇”与“好神话”的艺术追求——张爱玲与王安忆小说人物塑造之比较	罗毅霞	湖北职业技术学院学报	2008-09-25	3	436	
☑ 8	论张爱玲小说中的女性人物形象	荀建明	重庆工学院学报	2002-10-30	5	916	
☑ 9	论张爱玲对其小说人物的精神俯视	万燕	文艺理论研究	1994-10-15	4	688	
☐ 10	物化:香港女作家叙写都市人的命运一种——以张爱玲、施叔青、西西的小说人物为例	王瑞华	常州工学院学报(社科版)	2013-02-28	2	205	
☑ 11	变态:洋场人物的主导性格——张爱玲前期小说人物论	刘川鄂	湖北大学学报(哲学社会科学版)	1989-08-29	5	249	
☑ 12	“创伤”与“执着”——张爱玲小说中神经病症候人物分析	龚金平	河南科技学院学报	2015-01-15		118	HTML
☐ 13	张爱玲小说中的家族人物关系微探	王卉娟	现代语文(学术综合版)	2014-01-05	1	140	HTML
☑ 14	独特的人物形象　杰出的语言艺术——评张爱玲小说《金锁记》	王靖	华北电力大学学报(社会科学版)	1998-05-15	2	742	

图 8　扩大关键词语义范围搜寻所得结果 1

到了这一步，我们就要开始详审文献的题目，判断哪篇文献可能和自己的论文密切相关或具有参考价值。如果判断具有参考价值，就在旁边的方框中打钩选取。第 1 页的资料已经勾选了几篇，选取的考虑如下：

第 1、3、4、8 篇：都是人物形象的分析，可能会讨论到“恶人”；

第 14 篇：特别与描写手法有关；

第 6、11 篇：和论文题目的“恶人”关系密切；

第 5、7 篇：也是分析不同作家的人物刻画，可以参考研究的范式、分析的角度和论证的方法。

当 3 页的文献全都做过以上的选取和分类后，就可以将所有勾选的文献整理成一个列表。只要点击第一篇文献上方的“导出参考文献”即可（图 9）。

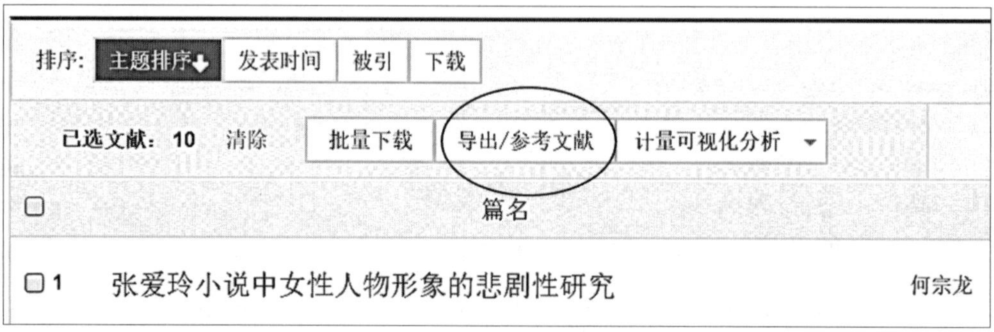

图 9　勾选完毕后导出参考文献

（二）导出选定的文献

接下来的页面里知网会要求我们选取导出的格式。在此介绍本书中我们会用到的两种：

1. 选“查新（引文格式）”可导出文献的摘要

“查新（引文格式）”会将我们勾选的文献带着摘要导出，这样就可以在打开文档后连续阅读所有勾选论文的摘要，进一步判断其与自己论文的关联性，评估其是否值得下载阅读全文（图 10）。

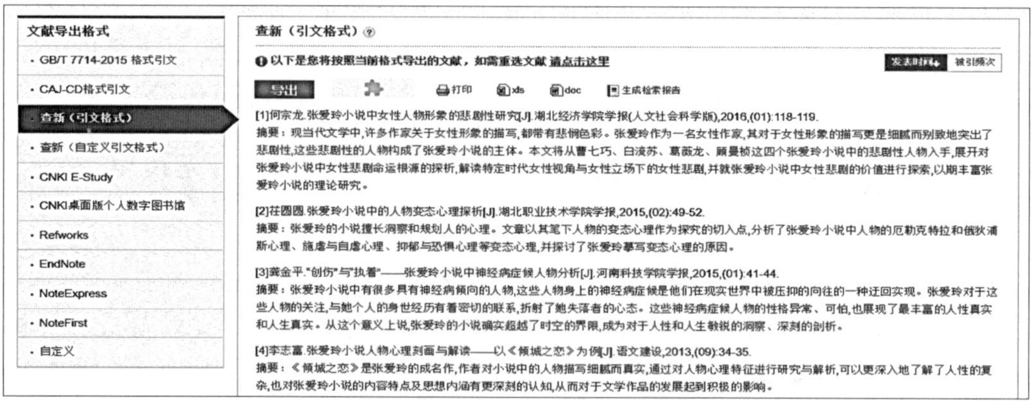

图 10　选择“查新（引文格式）”导出文献的摘要

2. 选“CAJ-CD 格式引文”可得到简单列表

第二种——“CAJ-CD 格式引文”则能让我们一览所有勾选的篇题，对之后组织参考文献表也有帮助（图 11，参考文献表的格式见第八、第九课）。

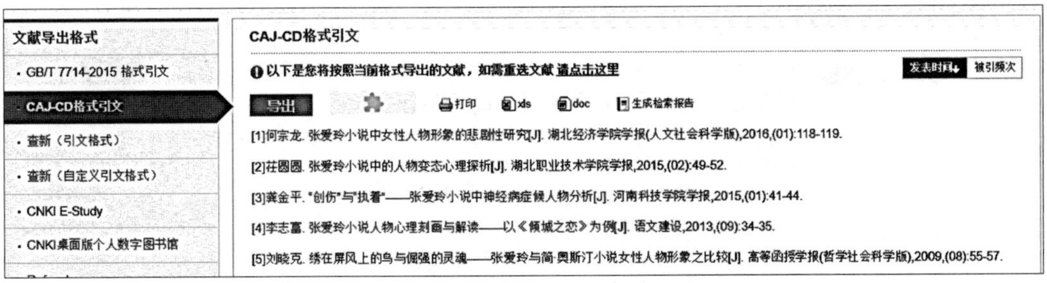

图 11　“CAJ-CD 格式引文”列出所有勾选的文献

接下来，我们可以再用“鲁迅”“人物”“小说”这三个关键词进行高级检索，得到部分结果如下（图 12）：

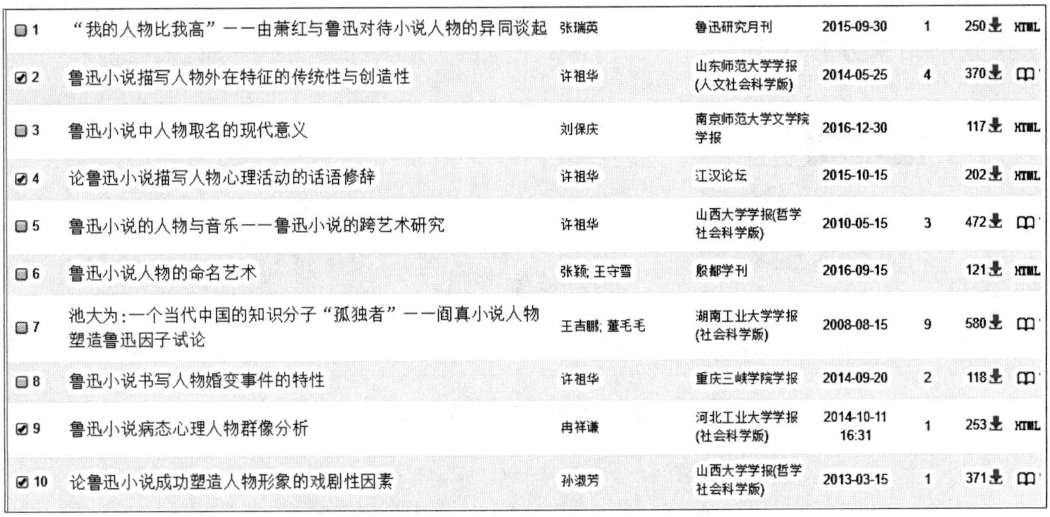

☐ 1	“我的人物比我高”——由萧红与鲁迅对待小说人物的异同谈起	张瑞英	鲁迅研究月刊	2015-09-30	1	250	HTML
☑ 2	鲁迅小说描写人物外在特征的传统性与创造性	许祖华	山东师范大学学报(人文社会科学版)	2014-05-25	4	370	
☐ 3	鲁迅小说中人物取名的现代意义	刘保庆	南京师范大学文学院学报	2016-12-30		117	HTML
☑ 4	论鲁迅小说描写人物心理活动的话语修辞	许祖华	江汉论坛	2015-10-15		202	HTML
☐ 5	鲁迅小说的人物与音乐——鲁迅小说的跨艺术研究	许祖华	山西大学学报(哲学社会科学版)	2010-05-15	3	472	
☐ 6	鲁迅小说人物的命名艺术	张颖; 王守雪	殷都学刊	2016-09-15		121	HTML
☐ 7	池大为：一个当代中国的知识分子“孤独者”——阎真小说人物塑造鲁迅因子试论	王吉鹏; 董毛毛	湖南工业大学学报(社会科学版)	2008-08-15	9	580	
☐ 8	鲁迅小说书写人物婚变事件的特性	许祖华	重庆三峡学院学报	2014-09-20	2	118	
☑ 9	鲁迅小说病态心理人物群像分析	冉祥谦	河北工业大学学报(社会科学版)	2014-10-11 16:31	1	253	HTML
☑ 10	论鲁迅小说成功塑造人物形象的戏剧性因素	孙淑芳	山西大学学报(哲学社会科学版)	2013-03-15	1	371	

图 12　扩大关键词语义范围搜寻所得结果 2

仔细分析文献篇名、考虑其相关性之后，再次勾选与论文内容相关的文献，然后再点击“导出 / 参考文献”。这时候导出的结果会保留两次选取的文献。从图 13 的导出结果可以看到，以“张爱玲”和“鲁迅”搜索的两次结果已经合并了。

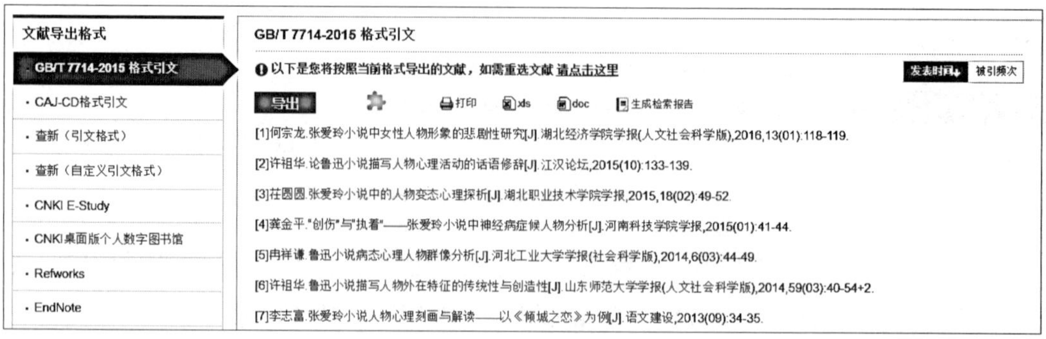

图 13　文献导出时将两次搜寻的结果合并导出

如果觉得把鲁迅和张爱玲的相关文献放在一起不好查找，可以在做第二次高级检索之前，在文献排序的上方点击“清除”（图 14）。这样就可以将每次搜查的结果分开导出。

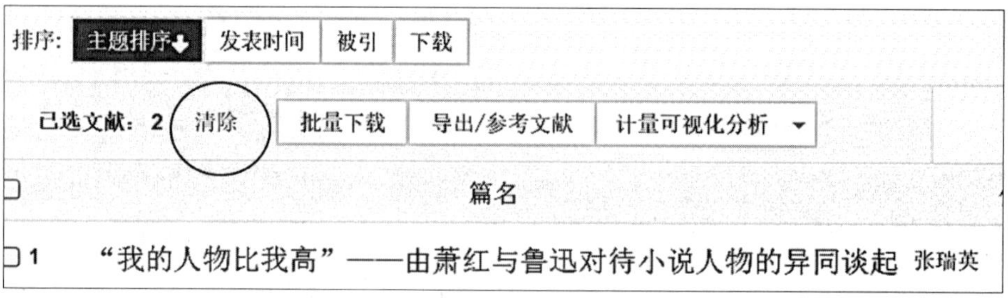

图 14　清除之前的搜寻结果

这些文章都选好了以后，可以先阅读摘要做一次筛选。如果按照摘要的介绍，我们判断一篇文献与自己要写的论文关联性很强，就下载这一篇文献仔细阅读全文。

（三）下载选定文献

先回到检索结果页面，点击文章链接，进入单篇文献介绍。点击“PDF下载”即可下载文献（图 15）：

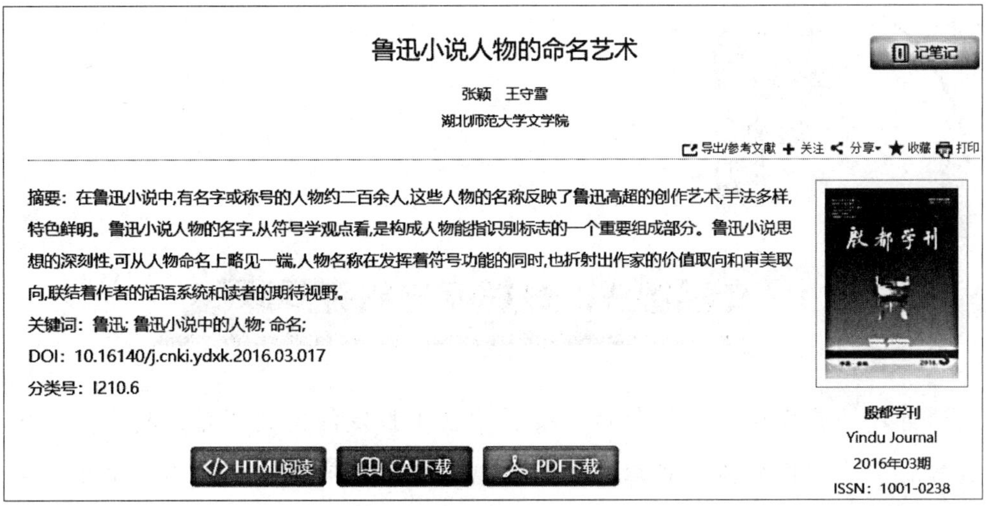

图 15　中国知网界面下载全文

下载了之后就要仔细阅读，边读边做笔记，把与自己论文相关的部分整理出来，这样不但能让论文的参考文献丰富，还能因为细读这些文章而学到研究的范式、分析的方法以及更好的写作与呈现证据的技巧。

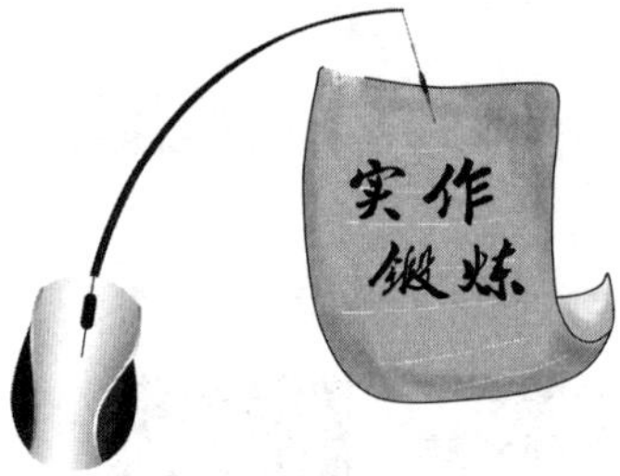

文献查找、数据库与研究问题

请再次阅读本课内容。然后，按照你初步拟定的论文题目，利用关键词检索的方式，在中国知网数据库中查找文献。查找的时候，可以参考本章中展示的批判性思考过程，一边提出研究问题（另外写在一张纸上），一边搜索并勾选可能对你有用的文献。

请注意：在这份练习中请限定文献的类型为“期刊论文”。

完成下列任务：

一、导出选定的文献，建立文件夹

1. 题目查重，在中国知网和百度上确认你所拟定的题目没有人发表过类似论文。如果已经有同题或类似题目的论文，这个题目就不要用了。

2. 勾选与你的论文主题相关的期刊论文，将论文信息以“查新（引文格式）”导出，存成 word 文档，文档名请写：

CNKI_学号_姓名_你的文章题目

- 如果你用不同关键字组合检索好几次，可以像本课第 36 页所演示的，将所有勾选的文献都导出到同一个 word 文档里。
- 如果觉得这样做不容易看出条理，可以将几次搜寻的结果分开导出（请参考课文中“导出文献”的说明）。导出的文档可以在“你的文章题目”后面加上“-1”“-2”……依此类推。

3. 打开上面导出的文档，快速阅读每一篇文献的摘要，决定要参考哪些文献。选定之后，再用高级检索查找一次，找到选定的文献并下载，存入文件夹，文件夹命名为：

姓名_文章题目_参考文献

二、新建 word 文档，完成下列任务

1. 最后确定论文的题目。这个题目必须没人发表过论文，能找到丰富的参考文献，同时有几个值得讨论的研究问题，论文可以研究的范围（不会太大）。然后写出以下的信息：

（1）最后确定的论文题目

（2）研究问题（列表）

2. 选出 5 篇以上与你的论文题目相关的文献，一条一条粘贴在下面，并为每一篇文献编号（从 1、2、3 开始编）。文献列举格式如下：

1. 作者名 . 文章篇名 . 期刊名 . ×××× 年 . 第 × 期：××× 页 .
2. 作者名 . 文章篇名 . 期刊名 . ×××× 年 . 第 × 期：××× 页 .
3. ……

如果你所选的文献非常多，可以直接从知网导出 CAJ-CD 格式引文，粘贴在下面，还是要编号。

3. 参考本课第 35 页关于“选取的考虑”的示例，将第 2 题的文献分类并加上你自己“选取的考虑”标记。这个步骤对你处理文献非常有帮助，一定要认真思考，然后在下面以列表的方式呈现。

（本练习需要提交 2 个 word 文档：1. 导出文献的信息；2. 第二大题的结果。）

第五课 提纲的组织与安排

确定了题目并找到需要的文献后，就可以写论文提纲了。学术论文写作是一种在纸上思考并且汇总信息的过程，通过文献的阅读与思考，你已经为论文积累了不少想法和信息，写提纲等于是白纸黑字地把这些想法和信息记录下来并分门别类，可以帮助我们厘清思路，还可以检验其中的逻辑是否合理。这个环节对学术论文写作的新人是非常重要的。把提纲写好，你就能有效地掌握你所研究的重点以及相关的参考文献内容。

一、论文的基本结构

简单来说，学术论文正文的基本结构如下：

开头：导言（导论）
中间：本论
结尾：结论

（一）导言（导论）

导言在学术论文的最开头，一般要包含以下内容：

（1）对主题的介绍；

（2）陈述研究问题；

（3）介绍研究问题发生的背景，让读者认同这是一个值得研究的问题；

（4）主题中重要概念的定义；

（5）介绍前人的相关研究。

万事开头难，在列提纲的时候，导言部分不妨考虑得全面一些，但写的时候要陈述清楚，使人一看就能掌握论文的主干。不过这只是最基本的要求；好的导言还要能吸引读者的注意，让他们想继续阅读，了解作者研究的详细内容。下面举一短一长两个例子，看看导言包含的主要内容。

杨宏雨的《现代化与西化关系辩证》这篇论文，开头虽不长，却是一段简单清楚的导言。大家可以分析一下这段导言包含了以上所提到的哪些内容：

> 现代化与西化之间的关系，一直是学术界争执不休的一个问题。不少学者谈论过这个问题，但大多语焉不详，或片言只语，或缺乏系统的论证。在中国，由于受传统的文化观念和现实的政治因素的影响，许多学者都喜欢说现代化不等于西化，但究竟为什么现代化不等于西化，现代化在多大程度上背离西化，却鲜有人讨论。现代化是一个缘起于欧美的全球性的历史进程。现代化与西化之间的关系是一个亦是亦非的辩证关系。简单地说现代化是西化或现代化不是西化都是错误的。所谓是，主要指四个方面：

这个开头虽然简短，但是包含了问题的背景（现代化与西化一直是学界争论不休的）、研究问题的陈述（现代化不等于西化，但是具体是如何不同？）、主题论点（说现代化是西化或不是西化都是错误的）。这样的呈现能引起读者的共鸣，从而激发其继续阅读的愿望。

另一篇论文，许荣漫、贾志科的《青年农民工的“闪婚”现象研究》则开头较长：

> **一、问题的提出**
>
> 相比较于快节奏的城市，农村一直以来都是一个讲求稳定、缓慢的社会，在社会转型期仍然带有乡土社会的特征。在这样的社会里，村民的交

往范围非常狭窄，日常行为与礼仪都有一套规矩可循，人的一生要经历的各阶段都基本是已经规定好的，当然也包括青年人的婚恋过程与仪式。

然而，随着打工潮的兴起，传统的农民走出了农村、进入城市，进而显现出了各种观念与行为的变迁，也带来了许多前所未有的问题。根据国家统计局的测算，2009 年全国外出农民工总量已达 1.45 亿人。从年龄上看，外出农民工以青壮年为主，而其中，未婚的占 41.5%。青年农民工的婚姻由于流动而出现了不同于以往的新形式，尤其是近几年在农村兴起的“闪婚”现象更是值得人们关注。

“闪婚”即男女恋爱、交往的时间很短就结婚成家，一般指那些没有经过充分交往和了解就草草结婚的现象。这一词汇原是用于描述在城市男女在社会节奏加快、工作压力加大等各种因素影响下的一种“快餐式”婚姻现象。但当前，“闪婚”在农村出现并迅速成为了青年农民工婚恋的流行方式，这就带来了很多值得思考的问题，包括：第一，作为一种现代式的婚恋形式，“闪婚”何以在相对缓慢、保守的农村流行起来？第二，农民工流入城市，主要经济活动也集中在城市，但其婚姻为何又要返回农村以一种传统的途径来完成？第三，青年农民工的“闪婚”有着怎样不同于以往婚姻形式的特征与影响？第四，这种现象是否只是昙花一现还是会持续下去？这些都是本研究试图解答的问题。

虽然这个开头的标题为“问题的提出”，但内容其实包括了研究问题发生的背景（第一、第二段）、重要概念的定义（第三段开头定义“闪婚”）以及研究问题的陈述（第三段后半部分）。你可以仔细体会该文的作者如何将这么多的信息呈现在一节里，学习其串联所有信息与论点的手法。

（二）本论

本论的内容就是论文的主体，作者在这个部分呈现研究内容并提出解决问题的方案。这个部分的内容是你经过思考、研究、考察、整理之后所要呈现给读者的。在写本论之前，你应该已经获得了一些研究心得或成果，并将它们写成笔记，做过一些整理了，列提纲的阶段，实际上就是对你准备如何呈现这些内容做一个规划，这一点本课第二部分再介绍。第十课“写初稿：论文结构鸟瞰与各部分撰写要点”会有更详细的介绍，你也可以提前参考一下。

（三）结论

结论是学术论文的结尾部分，一般包含以下内容：

（1）再次强调论文的主旨；

（2）将文中所呈现的主要想法作一个总结；

（3）对提出的具体研究问题作出回应或回答；

（4）明确指出论文研究的重要性；

（5）点出论文的不足，以及进一步研究的方向；

（6）以论文主旨为基础，提出对问题的相关建议。

杨宏雨的《现代化与西化关系辩证》结论很短，引用别人的话来再次强调该文的主旨：

> 在辩明了现代化与西化的辩证关系之后，我们借用蔡尚思一句简单而又深刻的话作为本文的结语和结论："现代中国的现代化决不等于'全盘西化'，而又与西化有密切关系。"

相比之下，许荣漫、贾志科《青年农民工的"闪婚"现象研究》的结尾则长了许多（以下省略几处内容同质性高的部分，以"（…略…）"标记）。请阅读并思考这个以"思考与讨论"命名的结尾包含了上面所列出的哪些结论常见内容：

> **七、思考与讨论**
>
> 在打工潮的背景之下，农村的婚姻资源发生了前所未有的流动，（…略…）然而，在这样一个扩大了的选择范围中，他们的婚姻选择权并未随之而扩展,反而由于其拥有的各种资源的限制,使其婚姻陷入困境。(…略…)
>
> "闪婚"作为一种农民工在长久的探索之后所形成的一种快速、经济、有效的形式，已经在部分农村中流行起来，但是"闪婚"虽然是人们的一种理性选择，同时也是一种无奈的选择。（…略…）在现代化、城市化背景之下各地区农村在家庭与婚姻制度各方面的变迁都将会趋向具有现代化的意义，其变迁的最终目标和方向在于建立和工业化社会及

> 市场经济相适应的家庭制度和婚姻模式。与第一代农民工相比，城市性的因素在新生代农民工的身上有更多的体现，他们中的很多人希望能真正地融入城市。（…略…）种种矛盾在“闪婚”中只是一个集中的表现。要真正解决青年农民工的婚姻问题，最根本的还是要增加他们的婚姻资本，提高他们在婚姻市场上的竞争力。
>
> 纵观全文，在农民工流动的冲击下，农村中青年农民工的“闪婚”是多种传统与现代因素碰撞之下的产物，体现了农村通婚圈的扩展与内缩并存的现象。虽然存在着各种问题，但无疑是农村人相对理性的一种选择，因此，笔者认为，在未出现其他更为有效的婚恋形式之前，“闪婚”将会在青年农民工中更广泛地扩展，并成为该群体婚恋的主要形式。

其实，这个结尾总结了整篇论文的研究内容，并对论文开头提出的问题做出了回应。在前面开头的部分，作者们提出了四个问题。第一个问题是“‘闪婚’为什么会在农村流行？”，结尾的第一、第二段给出了解答；第二个问题“农民工流入城市，主要经济活动也集中在城市，但其婚姻为何又要返回农村以一种传统的途径来完成？”，也可以在第一段找到相关的讨论；第三个问题问到青年农民工的“闪婚”和以往的婚姻形式有何不同，答案在第二段（“和工业化社会及市场经济相适应的家庭制度和婚姻模式”）；而最后一个问题问到“闪婚”是否会持续，作者的意见很清楚地在最后一段陈述出来。

二、规划与格式

（一）规划提纲

在规划一篇论文的提纲之前，你需要先确定写这篇论文的目的是什么。一般而言，写论文的目的是呈现信息，说服读者，提出建议，纠正错误观念，推翻错误观点，或者指出某个一般人不容易注意到的现象。你的目的是什么呢？

想法和参考文献全部就位、写作目的基本确定后，就可以开始规划怎样呈现你的想法和相关的信息，以达到设定好的写作目的。可以考虑以下几个方面：

（1）想法和信息要用什么顺序呈现？

（2）本文的主题要用什么手法介绍？

（3）要不要呈现逻辑的论证？

（4）要不要使用统计的数据作证据？

（5）是否引用有权威性的参考资料？

（6）是否使用小故事或真实的事件导入主题？

规划提纲是写作论文的基本功。许多在写论文方面身经百战的人都发现，写提纲可以帮助自己对主题有更深入的思考，发现其他分析的可能性，而且在提纲上能清楚看见信息安排的方式是否恰当，帮助自己判断哪些部分可以增添例子、信息或者删除相关性不高的内容，好让论文的主题思想展现得更好。

当然，规划提纲和写作一样，一般都会先打一个草稿，然后改进、再改进，最后才得到一个最理想的正式提纲。

（二）为草稿规划提纲

为草稿所规划的提纲，是你的论文最初的样子。它有可能看起来很不成形、不完整，思考也不够周到，但对写初稿来说，这样的草稿提纲是很有用的。论文写作是一个边写边思考的过程，把大致的想法规划出来，写在纸上，然后你就能看见论文最初的雏形。

我们现在以“珍珠奶茶，喝还是不喝？”为题，试着写一份草稿提纲：

1. 使用事件背景导入主题（翻开报纸杂志，大多是对珍珠奶茶的批评，但是五道口卖珍珠奶茶的店还是很受欢迎，甚至大排长龙）。

2. 呈现已经发表的论文中关于珍珠奶茶对人体健康不利的信息点。

3. 呈现所观察到的珍珠奶茶店生意红火的情形，并提供数据证明珍珠奶茶店越来越多，说明喜欢饮用珍珠奶茶的人很多。

4. 呈现已经发表的论文中说到珍珠奶茶吸引人的信息点。

5. 提出建议，用健康的方式制作珍珠奶茶。

6. 在结尾的部分回应开头所描写的事件背景（人们踊跃购买的奶茶都是使用最好的原料，对健康有益的）。

如上所示，草稿提纲就是简单地将想法和相关参考文献内容分条列举出来，按照开头、中间本论、结尾的顺序呈现。

草稿提纲写好之后，有可能会一遍又一遍地修改，在修改的过程中你可能会添加新的信息，或把原来安排进去的某一部分删掉；也可能重新安排顺序，把其中的某个信息从某一个部分挪到另外一个部分。通常在这个过程里，你可能会有新的想法出现，或者找到一种新的衔接手法，于是你就会重新安排文章的各个部分，以使这些部分彼此连贯得逻辑性更强、更清楚。

（三）正式的提纲

当你把草稿提纲写出来，通过更全面深入的思考修改过了之后，就可以把最后的版本整理成一份正式提纲。正式提纲会按信息之间的逻辑关系分层次。在组织正式提纲的时候，就需要将草稿提纲中的各论点按照彼此的关联性以及和论文主题之间的关系分层并分类了。思考以下的问题，可以帮助你组织这些要点：

（1）有哪些论点和主题直接相关，可以作为主要论点？

（2）哪几个点应该在导言中呈现？哪些属于本论？哪些能作结论呢？

（3）这些主要论点能不能细化为几个次要论点阐释呢？

（4）这些次要论点是否具有支持其论证的信息？

这些不同层级与性质的信息可以排列如下：

一、第一个大论点

（一）第一个小论点

1. 第一个支持论证的信息

2. 第二个支持论证的信息

（二）第二个小论点

1. 第一个支持论证的信息

2. 第二个支持论证的信息

二、第二个大论点

（一）第一个小论点

1. 第一个支持论证的信息

2. 第二个支持论证的信息

（二）第二个小主题

…………

这样的编排方式会让你的正式大纲看起来很像学术论文里面每一部分的标题。但是别忘了，你现在还在写提纲，是处于组织信息的阶段，正文还没完成。在组织这些信息的时候，我们要思考这些信息彼此之间的关系。一般来说，本论中的概念、主题和信息可以按以下关系来组织：

（1）相同点和不同点；

（2）按重要性排序；

（3）原因和结果的关系（这关系可以又分为：直接和间接的，重要的与次要的，显性的和隐性的，远的和近的，现在的和以前的）；

（4）最主要的想法和支持这些想法的证据；

（5）好处与坏处。

正式提纲有两种写法，一种是使用短语表现主题，另一种则是以完整的句子将信息完整呈现。有些人喜欢短语主题式提纲，因为它看起来很简洁。但是完整句子式提纲也有好处：几乎每一句都可以直接作那个部分正文的第一句。当然这也意味着在写提纲的时候，你就要对每一部分做比较全面的思考，这样才能写出完整的句子。

我们再以"珍珠奶茶"这篇文章为例，内容的信息大致体现了几种关系：最主要的想法和支持这些想法的论据、好处与坏处、原因和结果的关系。短语主题式的提纲会如以下样式呈现，这里我们只呈现前两个部分的细节：

短语主题式提纲

珍珠奶茶，喝还是不喝？

一、报纸杂志的劝告与真实消费情况的落差

（一）报纸杂志针对珍珠奶茶不健康的报道

1. 珍珠奶茶没有奶

2. "珍珠"对人体有害

（二）真实消费情况：珍珠奶茶受欢迎

1. 五道口 Coco、贡茶的盛况

（1）举例

（2）举例

2. 过去几年的数据显示珍珠奶茶店的增加
(1) 举例
(2) 举例

二、珍珠奶茶的正规制作与魅力

(一) 珍珠奶茶的正规制作
1. 使用的原料
2. 制作要点
(二) 珍珠奶茶的魅力
1. 口感
2. 对人心情的作用

三、珍珠奶茶受批评的原因

…………

同样的论文题目，以完整的句子呈现主题，就会是以下的样式：

完整句子式提纲

珍珠奶茶，喝还是不喝？

一、报纸杂志经常说到珍珠奶茶对健康有害，
但是实际从销售来看珍珠奶茶还是很受欢迎的

(一) 报纸杂志有许多披露珍珠奶茶不健康的报道
1. 珍珠奶茶没有奶
2. “珍珠”对人体有害
(二) 但实际观察，会发现珍珠奶茶还是受到人们的喜爱
1. 在五道口我们可以看到 Coco、贡茶等珍珠奶茶店的销售盛况
(1) 举例
(2) 举例

2. 过去几年的数据显示卖珍珠奶茶的店在增加，说明卖珍珠奶茶能赚钱

（1）举例

（2）举例

二、从珍珠奶茶的正规制作来看，珍珠奶茶是能令人放心的，而且其魅力并不只来自饮用的口感好

（一）珍珠奶茶有正规的制作法

1. 使用的原料是茶、牛奶、糖、粉圆、水

2. 制作的时候在泡茶、冲牛奶、煮粉圆的时间都有讲究

（二）珍珠奶茶对许多人来说是很有魅力的

1. 冰凉的奶茶使人暑气全消，加上一颗颗甜蜜有弹力的珍珠，使人满足

2. 一杯珍珠奶茶在手，仿佛拥有了一小段美好的休闲时刻

三、无良的商人与原料供货商使珍珠奶茶成了众矢之的

…………

本课课文及练习所引用期刊论文如下：

管雪莲．超级 IP 制造时代的“玛丽苏式神话”[J]．探索与争鸣，2016（03）：70–74.

许荣漫，贾志科．青年农民工的“闪婚”现象研究——以豫西南 M 村的个案为例 [J]．社会科学论坛，2010（19）：180–191.

杨宏雨．现代化与西化关系辩证 [J]．复旦学报（社会科学版），2006（06）：58–64.

张萌．跨文化传播视角下的美食类纪录——《舌尖上的中国》与《发现中国：美食之旅》[J]．传媒国际评论，2014：47–54.

郑丽清，俞煌霞．被救助者讹诈行为的法律规制途径探析——以“扶老人被讹”为视角 [J]．行政与法，2016（09）：47–56.

（说明：本书文献标注以《信息与文献　参考文献著录规则》（GB/T 7714—2015）为准，但为了真实展示作为示例被引用的论文，对示例论文片段所附带的文献，保留其标注形式和参考文献表的原貌。）

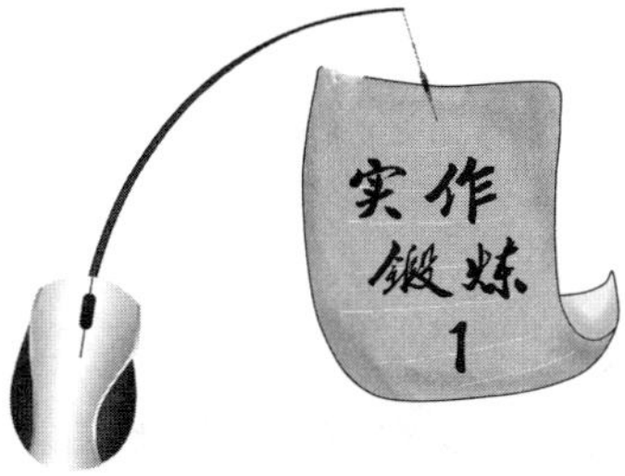

论文的开头与结尾

本练习以真实论文为范例，考察论文的开头和结尾。为了方便同学们判断结尾的内容，每篇论文的本论部分都以每一节的标题呈现，如有必要，再加上每一段的第一个句子。

仔细阅读下列每篇论文的开头以及简化过的本论，判断结尾的写法是什么：

【论文 1】

跨文化传播视角下的美食类纪录

——《舌尖上的中国》与《发现中国：美食之旅》

张　萌

开头

2012 年 5 月 14 日，中央电视台《魅力纪录》栏目播出了美食类纪录片《舌尖上的中国》（以下简称“舌尖”），该片一举成名，刚刚播出不久就风靡全国。而就在《舌尖》热潮尚未平息之际，英国 BBC 在同年 8 月推出了主题同样为中国美食的纪录片《发现中国：美食之旅》（下文简称“发现中国”）。近几年来的美食纪录片热潮逐渐高涨，而支撑这一系列纪录片背后的是一个国家的文化底蕴。本文通过中西两种美食纪录片的比对，探索美食类纪录片跨文化传播之道，同时也给《舌尖上的中国》进一步国际化提出相应建议。

本论

一、《舌尖上的中国》和《发现中国》的概况

《舌尖上的中国》是中央电视台“魅力纪录”栏目于2012年播出的一档美食类纪录片节目，主要内容为介绍中国的传统饮食文化。……

《发现中国》是英国BBC于2012年8月播出的有关中国美食的纪录片。纪录片全程以两位华裔走访游玩中国，探索中国饮食文化视角展开。……

二、《舌尖上的中国》和《发现中国》的对比分析

（一）艺术层面对比分析

1. 题材选择

2. 故事策略

3. 剪辑与节奏：紧凑拼接与一条线的差别

（二）文化层面对比分析

1. 文化功能

2. 个人与集体、政治与商业

结尾

三、结论与启示

通过以上对《舌尖上的中国》和《发现中国》从跨文化传播视角的详细对比分析，我们发现美食类纪录片的一些共性与优点，如题材选取的恰到好处、故事化叙事技巧的使用、大量特写镜头的运用、美食背后社会文化和生活的扩展等。

除了诸上共性外，《舌尖》也有很多突出的地方，如：题材丰富、涉及面广，迎合了“陌生化理论”，大大满足了受众的视野期待；采用了平民化叙事视角，选取更能揭示人类本性、生活本质的温情小故事；采用全知叙事手法，在叙述美食的同时会连带着叙述美食的来源、采集、保存和美食背后的社会背景和生活，使作品丰富充实；全片充斥着文化符号，展示了中国传统文化——尊老爱幼、和谐团圆，彰显了纪录片的文化功能等。

当然，纪录片专业制作团队BBC的《发现中国》也有很多值得我们学习

的地方，这也为《舌尖》进一步提升跨文化传播效果提供了宝贵的借鉴：在题材的选取方面要保持地方的代表性，不能选取过于偏僻难懂的食物；在叙事方面我们除了全知叙事的“高大全”外，也应该穿插一些个人化的叙事手法，来带给受众独特的视角和体验；在剪辑与节奏控制方面，我们的纪录片应该以让受众理解和接受为目的，避免过于碎片化。在解释和传播文化方面多添加一些低语境的、具体直接的解释说明，尽量避免隐晦的暗示；最后，也是最需要注意的一个方面就是适度地增加纪录片的娱乐性、服务性、体验性，更加注意从受众的角度、从个人的角度来制作。考虑受众的体验和需求，增加个人视角，以更加轻松并明晰的方式来代替宏大的“灌输宣传”。

1. 这篇论文以什么内容开头？

2. 这篇论文以什么内容结尾？

【论文 2】

超级 IP 制造时代的“玛丽苏式神话”

□ 管雪莲

开头

近年来，“玛丽苏式神话”几乎成为一个最重要的原型，活跃在网文 IP（知识财产）改编的各类作品中，《步步惊心》《大漠谣》《甄嬛传》《武媚娘传奇》《花千骨》《芈月传》《太子妃升职记》等全部都可以称作是玛丽苏式的故事。

这些故事从小说到电影、电视剧、网剧、网游等媒体形式中不断地被复制和再生产，形成巨大的跨媒体互文性现象，它以其充满历险和奋斗的故事，以及文本中所折射出来的现代主体之独立精神，反复地引发社会中特定的情感共同体对它的持续关注。研究这一现象，将有利于我们加深对当前大众文化特色的理解。

本论

“玛丽苏式神话”成为超级 IP

在国内网站的各大搜索引擎上，2015 年被影视文化圈定位为“IP 元年”“IP 时代的开启”，如《中国电影跑步进入 IP 时代》《大 IP 时代下的互联网电影》《国产电影进入 IP 时代，传媒板块行情持续火热》等等。……

对具有知识产权的文化产品的再度开发、系列改编是文化市场一直奉行的文化机制之一，可过去并没有人将 IP 夸大到这样一个现象级文化事件的程度。……

在这波“互联网 +”的 IP 开发大潮中，玛丽苏式的文本，或简称苏文，占据了 IP 数量的大部分份额。……

市场的繁荣吸引了越来越多的资本聚集到 IP 收购和 IP 开发链条当中来……

玛丽苏式神话的跨媒体改编：故事本位胜于影像本位

技术条件的先进和流通平台的畅通、一定数量的粉丝拥趸，并不是文化生产取得成功的绝对保证。……

什么是以影像为本位？像可以是事物的第一重外观，也可以是事物的第二重外观。……

H. 波特·阿博特指出：“尽管各种技术上的实验使得叙事前景一片大好，但这并不能改变叙事长期遵循的结构。……”……

《步步惊心》《大漠谣》《云中歌》《后宫·甄嬛传》《盗墓笔记》《华胥引》《花千骨》《琅琊榜》等玛丽苏式故事，叙事技术都非常成熟，它们主要继承的是源远流长的中国小说传统，自汉代的稗官野史始，经唐传奇、宋元话本、到明清小说一路慢慢成长起来的一套成熟的叙事体例。……

“自我代入式”写作与时代精神

经典的玛丽苏是“女性向”的——现在的网络作家和网络小说粉丝，女性占据绝对地位。……

关于“玛丽苏”是“自我代入式”写作的判断，依据的事实是：（1）同人小说中的“玛丽苏”，本来就是一种粉丝创作现象。……

以上这些观点必须要进行反驳。……

本文认为，玛丽苏小说在新世纪的广泛流行，是因为它触及现代女性在“成人化”和“社会化”转型中遇到的精神困境问题，并且提供了一套关于自身社会处境的转喻及一些幻想性的解决方案。……

与传统流行小说中女性总是“性”的幻想符号不同，在“玛丽苏”小说中，性和野心两种幻想都统一起来，这当然是和我们这个时代女权主义运动高涨，女性的社会化要求越来越高是有关系的。……

玛丽苏式神话其实是灰姑娘神话的升级版，它只是在灰姑娘的爱情维度上再加上事业维度。…….

玛丽苏式神话是后工业时代凸显出强烈的女性自主意识的自恋型文化。……

也许有人会通过比较分析，认为玛丽苏形象虽多为女性所创，骨子里却还是男权意识，是按照男权意识去塑造的，……

结尾

结语

玛丽苏小说的盛行，是因为它把握到了这个时代普通人的精神脉搏，写出了他们的诉求和向往，不管它有多少种变体，多少维时空，多少个故事，但精神内核刻着“时代之我”的烙印。它的网络 IP 被广大的粉丝群点击分享，它引起了影视圈产业链的注意，然后被大量的资本注入，翻拍成电影、电视剧、网剧、网络游戏……它是一个创意，一个版权，也是一个梗，在这个多媒体融合时代的互文性文化圈子里成了一个王。

这个时代，玛丽苏大行于天下。在继承了法兰克福学派精英主义传统的批评者对其肯定要持激烈的否定态度。从精英主义的角度出发，我们的当代文学应该继承鲁迅的传统，像《阿 Q 正传》那样深刻地剖析、冷冽地批判，揭示社会问题，对人民负责。但事实是，阿 Q 不会喜欢看《阿 Q 正传》，他更乐意选择《金粉世家》。在一个比较自由的文化市场中，流行意味着说出了大众的心声。玛丽苏原型的小说，虽不符合精英小说的规制，但其在文学市场上广受欢迎，又因为与这个时代最中心的文化格局产生互联而引发社会对文学的高度关注。而且它的人物形象的“凭借自身力量改变命运不公”的精神具有正面的社会引导意义，今天的大众文化评判应该给它提供一个合适的位置。当然也呼吁批评的介入，去鉴别各种玛丽苏文本的具体优劣，帮助大众文化发挥积极的社会影响。

1. 这篇论文以什么内容开头？

2. 这篇论文以什么内容结尾？

【论文 3】

被救助者讹诈行为的法律规制途径探析

——以"扶老人被讹"为视角

□ 郑丽清，俞煌霞

（福建师范大学法学院，福建 福州 350007）

开头

被救助者讹诈的行为基本含义是，在行为人实施救助后，被救助者诬告救助者为肇事者，并要求救助者承担赔偿损失等责任。其中，最典型的无疑是被扶老人讹诈扶人者的行为。近年来"扶老人被讹"事件频繁见诸媒体，已引发了全社会的关注与思考。扶危救难是中华民族的传统美德，元朝大戏剧家马致远在《陈抟高卧》中曾说过，路见不平，拔刀相助。而今，扶摔倒老人竟让人犹豫：不扶，心不安；扶了，可能被讹甚至被告上法庭。归根结底，原因在于法律规制不足，讹诈行为的违法成本偏低，讹诈者的成本与获利相差甚远。为此，必须完善相关法律并严格按照法律追究讹诈者的责任。

本论

一、法律规制被救助者讹诈行为的必要性

（一）被救助者讹诈救助者的失德现象频发

（二）法律与道德的关系须顺应时代要求进行结构上的调整

（三）违背基本道德的讹诈行为应受法律规制

二、被救助者讹诈行为法律规制途径研究上存在的理论分歧

（一）刑事制裁、行政处罚、民事侵权赔偿齐头并进的规制途径

1. 惩治被救助者讹诈行为并非无法可依。

2. 公安机关作为社会治安的维护者，必须对被救助者的讹诈行为作出反应。

3. 若被救助者的讹诈行为侵犯了救助者的名誉权，可以通过民事侵权诉讼，要求被救助者承担赔礼道歉、赔偿精神损失等责任。

（二）刑事制裁、行政处罚不可取，民事侵权赔偿最优

1. 刑事制裁易陷入“泛刑法化”怪圈。

2. 行政处罚在实践中流于形式。

3. 民事侵权赔偿提高讹诈成本，效果最佳。

三、被救助者讹诈行为法律规制途径的选择

（一）刑事制裁、行政处罚预防和惩治功能更强

（二）被救助者讹诈救助者的行为有时符合犯罪特征

（三）行政处罚高效便捷，避免了不必要的讼累

四、被救助者讹诈行为法律规制的适用要点

（一）虚假诉讼罪、伪造证据罪的准确适用

（二）司法裁判应严格适用举证责任规则

（三）正确对待刑民的交叉与衔接

（四）行政执法应合法合理

结尾

五、结语：以法律促进被救助者与救助者之间的合作与信赖

休谟曾说过，一切科学总是或多或少地和人性有些联系，任何科学不论与人性离得多远，它们总是会通过这样或那样的途径回到人性。法是人类社会特有的现象，其哲学基础是由人性奠定的，法的制定、发展、实施无一例外地与人的要素紧密相连，这就意味着法的研究必须从人的本性出发，方能上升到哲学高度。从法所预设的人的层面来看，法所抽象的人具有多面性：理性与非理性，利己与利他心，个性与社会性。法的目标是引导那些信服它的人为善，透过伦理性目标，使得法律成为某种高贵且令人肃然起敬的东西。当前我国社会正处于转型期，市场经济飞速发展，个人主义、拜金主义、金钱观与道德观等多元化的价值观激烈碰撞。面对这种观念变迁，既要重塑价值观、诚信文化，更要发挥法律的保障作用。用法律规制被救助者讹诈行为，并非是将道德与法律混为一谈，而是法律对违背基本道德的行为进行必要干预。当然，应明确法律干预不是简单地罗列罪名、责任，更要寻找到最合理的组合，形成实践效果最佳的规制途径。本文认为，基于刑事制裁的严厉性、行政处罚的效率性、民事侵权赔偿的弥补性，选择三者并存、多管齐下、互相配合的规制途径最为合理。同时，要妥善处理好三类法律机制中存在的相关问题，尤其是要处理好伪证行为在讹诈救助者情况下的惩戒举措，严格适用民事审判的举证责任规则，完善救助相关立法。如此，才能最大程度地促成社会合作与信赖基础的形成，共同应对程度不断增强的社会风险，并最终推进社会文明和文化的进步。

1. 这篇论文以什么内容开头？

2. 这篇论文以什么内容结尾？

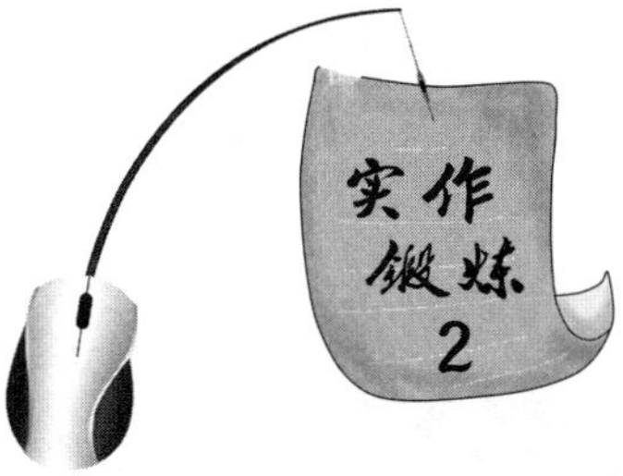

论点的组织与呈现

快速浏览附录 2《刑法治理“医闹”的有限性及“医闹”的治本之策》的结构，并回答下列问题：

1. 从标题看，这篇论文要讨论几个问题？分别是什么问题？

2. 从论文架构来看，作者从哪三个方面讨论了论文的主题？

3. 什么是“医闹”？在哪一段可以找到定义？作者如何引入此定义？

4. 作者认为可以真正从根源上解决“医闹”问题的方法是什么？请用简短的一句话回答，然后写下你的答案是根据第几段的讨论。

5. 作者提出解决“医闹”的方法前，先论述自己观点的合理性。请阅读第 9 段，说明作者如何论证自己的方法是合理的。（不超过 60 字）

6. 作者从五个方面提出解决“医闹”的工作内容，请分条列举于下：

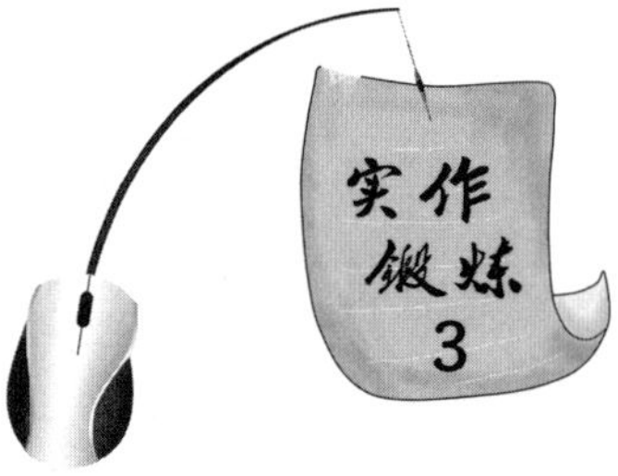

草稿提纲与正式提纲

本练习的目的是让同学们通过写草稿提纲和正式提纲，对自己的论文题目与内容有更全面的思考和检视。请记住，这个练习是为了帮助你规划论文内容，检视论文的信息安排以及逻辑性是否合理。

完成这份练习，需要事先做完第四课“实作锻炼：文献查找、数据库与研究问题”的作业，利用它作为现在这份练习的基础。

完成下列任务：

一、草稿提纲

按照第四课“实作锻炼：文献查找、数据库与研究问题”的内容规划一份草稿提纲。写在稿纸上，然后修改到满意为止。最后，将草稿提纲的内容输入word 文档并保存，文档名格式如下：

你的名字_论文题目_草稿提纲

二、正式提纲

完成草稿提纲后，使用北京大学毕业论文编号格式，将草稿提纲里的内容组织成正式提纲。请用“完整句子式提纲”。写法可参考本课第二部分：规划与格式。同样地，先写在稿纸上，然后修改到满意为止。最后，将正式提纲输入到 word 文档并保存，文档名格式如下：

你的名字_论文题目_正式提纲

第六课

文献的引用（1）：引用的目的*

同学们在学习写作学术论文的过程中，文献引用这一环节绝对必须经过严格、仔细的训练，否则很容易在写论文时有意无意地踩到“剽窃”的红线，不但让之前的努力付诸流水，严重的话甚至损害自己的学术名誉。什么是剽窃？就是在论文中采用了其他人已经正式发表的论点和信息，却没有通过“引用”的方式将正式提出论点的作者及其文献出处标示出来，使人在阅读你的论文时，误以为该论点是你原创的，该信息是你自己收集的。

要规避剽窃风险，首先要在文献的查考上下足功夫，确定你想提出的论点是否已经有人提出。如果已经有人正式发表，而你想用在自己的论文里，就应该通过“引用”的方式加以介绍。最重要的是，如果使用了别人的表述、图标、概念、想法，一定要在你的论文中标注清楚它们的出处。在学术界，直接使用别人的想法和信息而没有注明来源，是非常严重的欺骗行为。所以，了解并熟悉文献引用，对论文的撰写非常重要。

在学习参考文献时，许多同学最想知道的一个问题就是：除了避免剽窃，还有什么原因必须参考已有的文献？总的来说，学术论文写得好的作者，一定是在阅读文献方面下足了功夫的。已发表的研究可以使我们了解有用的研究方法、好的论点、适合作为自己论述基础的学说和假设，还有能支持你的论点的数据及材料。我们的研究如果以这些已发表的学术成果为出发点，并有更新的进展，就很有可能发展为一篇很好的论文。一般而言，再新鲜的论文主题，其所讨论的内容也一定会有某（几）方面是别人已经研究过的，所以没有不需要参考文献的论文。

---

* 本课关于引用目的的主要参考文献：Harwood, Nigel. 2009. An interview-based study of the functions of citations in academic writing across two disciplines［J］. Journal of Pragmatics 41:497–518.

在学术论文中，常见的引用目的如下：

一、证实论文主题值得研究

其实这样的引用是要帮助作者回答一个问题："为什么你要研究这个问题，而且选择这个方面，而不是其他？这个主题有什么研究价值？"例如，你想写一篇探讨某位小说家在人物描写方面的成就的论文，如果能找到以下这样的文献来引用，就能凸显选题的价值：

> [引用文献 1] 曾说，小说家如何塑造作品的人物能反映小说家对人性洞悉的深度。而 [引用文献 2] 也提过，××× 是当代公认描写人物功力最高的小说家之一。

通过引用来说明论文主题价值还有另一种方式，即引用了相关文献后，点出自己所要探讨的问题在这些文献中都没有得到深入的研究。换句话说，就是通过参考文献的方式呈现出一块应该研究却没有人深入研究的空白领域，然后陈述本论文的研究正是要填补这个空白。引用的方式会像这样：

> 这个议题吸引了许多学者就其 ××× 和 ××× 这两方面进行了深入的研究和讨论（[引用文献 1，2，3，4，5，6，7]），但是从 ××× 这个方面所进行的探讨却不多，只有 [引用文献 8，9] 在讨论中稍微提及。

二、证实研究方法的合理性

如果作者预判读者或审稿人会对自己论文中所使用的某个研究方法提出质

疑或者反对意见，就可以引用相关的权威文件，以说明使用该研究方法的合理性。例如：

> 有三位被试在这项测试中的成绩特别低（平均测试成绩为 80 分，而他们的成绩为 30~45 分），我们采用［引用文献 1］的筛选方法，排除这三位被试的实验结果。［引用文献 1］的实验与本研究的实验在性质上相近，只是以 ××× 的儿童为测试对象。其他语言的类似研究也有一些采用这个方法（［引用文献 2，3，4］）。

三、支持论文所提出的论点

在论文中作者都会提出自己独到的论点和看法，而在阐述的时候，如果可以适当引用相关的文献，可以给论文增加权威性的专业支持，加强论点的说服力。如果作者所提出的论点具有争议性，有可能遭到反对甚至攻击，引用相关的文献来支持这个论点就更有必要了。例如：

> 将讹诈这个现象的产生归因于……并不是第一次提出，［引用文献 1，2，3，4］皆从这个角度研究并观察到显著的关联。

四、指明信息来源

如果统计的数据、采用的相关信息和资料都不是自己收集的第一手材料，就要明确引用文献，指明信息来源，保证论文信息的准确性与可信度。例如：

> 在我国所有 18 岁到 60 岁之间的国民中，有 90% 都曾患过 ××× 并完全治愈（［引用文献］）。

五、梳理同一议题或现象的相关立场

针对同一项议题，不同的学者可能会表达不同立场的观点。通过关于立场的文献引用，作者可以列举不同立场的代表学者或代表著作，详细介绍已发表的文献所呈现的各种立场，还可以追溯同样的学者随着时间推移在立场上发生的转变。注意，这里所说的“立场”指的是和论文主题密切相关的各种不同意见。陈平原在《有声的中国——“演说”与近现代中国文章变革》的开头，即梳理了一系列清末民初的人们对“演说”兴起所表达的不同立场：

> 谈及晚清与“五四”时期之独立思考、自由论辩，研究者多喜形于色，追慕不已……[引用文献 1]……
>
> 关注那些转瞬即逝的声音，既是后世史家的责任，也是当事人的期待……[引用文献 2]……
>
> 喜欢谈论“演说”，将其作为“新学”的象征，这在晚清小说中比比皆是。只不过其他小说家，并不都像梁启超那样对“演说”持全面肯定的态度……[引用文献 3]……

六、批判性引用

批判性引用就是先引用某一文献所表达的立场或看法，然后进行批判性的对话。批判性的表述可以很温和，只是指出其研究中的一个小缺失或思考不周之处，这时候可以先用肯定赞同的语句介绍引用文献，然后温和地指出缺失之处。也可以比较强烈，直接指出引用文献中较严重的缺失，甚至会直率地主张文献传达了错误的观点。例如：

> 尽管［引用文献］所提出的理论对日后的研究产生了深远的影响，但这个理论应用在 ××× 和 ××× 这两个方面却过于牵强，因为……

需要注意的是，论文作者所批判的经常是引用文献所呈现的立场或看法，所以批判性引用经常会先梳理相关立场再进行批判，等于既通过引用的手段梳理同一议题或现象的相关立场，又加以批判，所以算是一种多功能的引用。

七、陈述研究基础

如果论文的研究是以其他已发表的研究成果作为推进的基点，作者就应引用这些已发表的文献，陈述自己研究的基础。

> ［引用文献］论到小说的情节通常可划分为几种发展类型：××× 式、××× 式、××× 式和 ××× 式。在 ××× 的小说作品中，前三部的情节……可称之为 ××× 式情节；后两部描写……可以算是典型的 ××× 式情节。

在为论文的重要概念或术语提出定义时，若定义是其他学者已经提出的，一定要引用定义所在的文献，清楚指明来源。

本课课文及练习所引文献如下：

陈平原．有声的中国——“演说”与近现代中国文章变革［J］．文学评论，2007（03）：5–21．

陈平原．鹦鹉救火与铸剑复仇——胡适与鲁迅的济世情怀［J］．学术月刊，2017，49（08）：124–131．

冯亮. 大学生网购特征与网购满意度影响因素研究 [J]. 中国青年研究，2017（01）：73–79.

张晨，高峻，丁培毅. 雾霾天气对潜在海外游客来华意愿的影响——基于目的地形象和风险感知理论 [J]. 旅游学刊，2017，32（12）：58–67.

郑丽清，俞煌霞. 被救助者讹诈行为的法律规制途径探析——以“扶老人被讹”为视角 [J]. 行政与法，2016（09）：47–56.

郑涛. 医闹：中国式医疗纠纷化解中的互动、博弈和异化 [J]. 社会科学论坛，2016（06）：217–233.

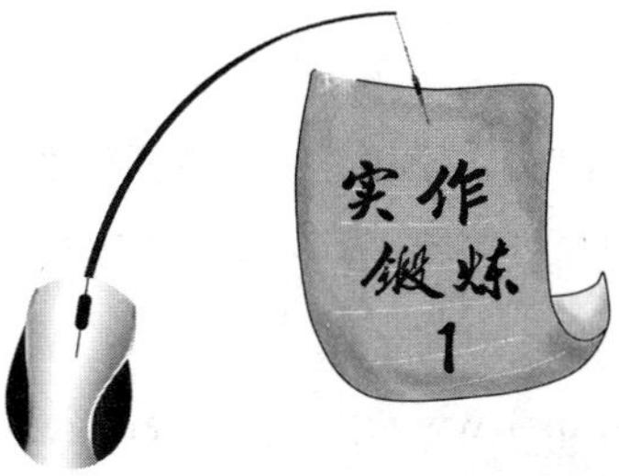

分析引用目的（1）

以下每则论文片段都是从已正式发表的论文中摘选出来的。这些文段都引用了参考文献，并在引用内容的后面以“[1][2][3]”编号标记。请结合本课所学的7种引用目的，做下面的练习。习题的后面有对每一题答案的讨论，做完后可以参考。

阅读文段内容并核对引用的文献，分析这些文段引用文献的目的：

第一篇：《被救助者讹诈行为的法律规制途径探析——以“扶老人被讹”为视角》，作者：郑丽清，俞煌霞

1. 引用目的 ____________________

如2011年8月26日，江苏南通汽车司机殷红彬在路上发现有位老太太倒在车下，出于好意，便和乘务员扶了老太太，老太太当场表示感谢。结果，事隔数日老太太的子女竟报警并指使老太太指控司机殷红彬肇事，所幸汽车上的监控记录下真相，还以司机清白。[1]

[1]“彭宇撞人案”险再发好在有监控［N］. 海峡都市报，2011-08-30（A24）.

第二篇：《大学生网购特征与网购满意度影响因素研究》，作者：冯亮

2. 引用目的 ____________________

根据互联网络信息中心（CNNIC）发布的第37次《中国互联网络发展状况统计报告》，截至2015年12月，中国网民规模达6.88亿，互联网普及率达到50.3%[1]。

[1] 中国互联网络信息中心．第37次中国互联网络发展状况统计报告［EB/OL］. http://www.cnnic.net.cn/hlwfzyj/hlwxzbg/.

3. 引用目的 ______________________

2015年淘宝官方联合第一财经发布的《中国消费趋势报告2015》声称，大学生网购已经成为一种习惯，购物网站的“团购”“秒杀”等促销方式深深吸引着大学生[3]。

[3] 生财邦．淘宝大数据解读中国消费趋势 [EB/OL]. http://www.shengcaibang.cn/archives/3398，2015-12-8.

第三篇：《雾霾天气对潜在海外游客来华意愿的影响——基于目的地形象和风险感知理论》，作者：张晨，高峻，丁培毅

4. 引用目的 ______________________

入境旅游市场下滑的原因有多种，但就雾霾问题而言，学者研究发现，入境旅游的衰退时期正是我国雾霾问题从显露到逐步严重并受到广泛关注的时段。2011年11月，美国驻华大使馆开始通过官网公布空气质量检测数据，同年来华的外国旅游者也达到1.35亿人次的高峰，自此开始了2012年到2014年连续3年的衰减[1]；也有学者明确提出，雾霾天气已经成为中国入境旅游的主要影响因素之一[2]。然而，《中国入境旅游发展年度报告2016》显示，2015年中国接待入境游客13 382.04万人次，同比增长4.14%。在空气质量没有出现明显好转的情况下，入境旅游人数又呈现强劲复苏的态势，这一变化使得雾霾天气与入境旅游的关系变得扑朔迷离。

[1] 梁留科，李峰．基于网络舆情的雾霾对旅游者偏好影响路径分析 [J]. 洛阳师范学院学报，2015，34（10）：18–24.

[2] Dai Bin. A new idea on Chinese inbound tourism with a global perspective [EB/OL]. http://www.ctaweb.org，2014–10–20. [戴斌．以全球视野谋划入境旅游发展的新思路 [EB/OL]. http://www.ctaweb.org, 2014–10–20.]

第四篇：《鹦鹉救火与铸剑复仇——胡适与鲁迅的济世情怀》，作者：陈平原

5. 引用目的 ______________________

只说家教、性情、社会地位不同，或留日留美处境的差异，显然还不够；学养背后，还有哲学立场。胡适的渐进改良立场，背后是杜威的实验主义哲学；[3] 反过来，鲁迅的彻底怀疑与坚决反叛，则有尼采

哲学的深刻印记。[4]

[3] 胡适：《实验主义》，《胡适全集》1，第 277—323 页。

[4] 张钊贻：《鲁迅：中国"温和"的尼采》，北京：北京大学出版社，2011 年。

第五篇：《医闹：中国式医疗纠纷化解中的互动、博弈和异化》，作者：郑涛

6．引用目的 ________________

"医闹"一词形成于民间，并逐渐为官方话语所引用。其生动描述了医患纠纷中，患方以某种诉求为目的而发动的非诉讼、对抗性纠纷化解行动。学者徐昕将医闹认定为"暴力性私力救济方式"[4]。

[4] 徐昕、卢荣荣：《暴力与不信任——转型中国的医疗暴力研究：2000—2006》，载《法制与社会发展》2008 年第 1 期。

【参考答案与讨论】

1. 引用目的：指明信息来源

说明：这一段引用的文字是对一例讹诈行为的客观描述，既然这个讹诈事件不是论文作者亲眼所见，更不可能是虚构杜撰的（这是一篇探讨法律规制的论文，虚构杜撰的事件对论文并没有直接的支持力度），就需要标注信息来源。下面的参考文献表也告诉我们，作者采用的是一则报纸的报道。

有的同学可能认为这段文字的引用也能起到"证实论文主题是值得研究"的作用，这是可以理解的，因为"讹诈"的确是文章主题的重要概念之一，但是需要注意的是，这段文字从头到尾都是客观描述的事件过程，并没有表达引用文献对"讹诈"现象的批判评论，因此最重要的是通过引用文献的标注，证明这个事件是真实的。所以"指明信息来源"是最适合填入的答案。

2. 引用目的：指明信息来源

说明：同上，这里提出了客观的数据，最需要的就是标注数据来源，让读者知道这些数据都不是杜撰的，而是真实的统计结果。

3. 引用目的：证实论文主题值得研究

说明：这段引文点出了论文标题中的"大学生"和"网购"这两个重要概

念，并且陈述大学生网购已经是一个普遍现象，借此证实以“大学生网购”为题进行研究是有意义的。这一段引用常有同学误判为在“指明信息来源”。请特别注意它与前两则“指明信息来源”的引用最大的不同在于：前两则引用都是陈列客观的事件过程或数据，而这一则引用内容却没有客观信息，而是淘宝官方根据（这里看不见的）数据所提出的主观判断，因此这段的引用目的不是为指明信息来源。

4. 引用目的：梳理同一议题的不同立场

说明：这段文字引用的两份文献分别是针对“雾霾天气是否影响入境旅游”这个议题呈现的两种立场。第一份有数据显示雾霾对入境旅游产生了影响，第二份文献则显示没有影响。因此这一段引用内容是为了“梳理同一议题的不同立场”。有的同学会认为这段引用是“批判性引用”，但其实字里行间并没有论文作者本身对这些立场的批评，所以不是批判性引用。

5. 引用目的：支持论文所提出的论点

说明：千万不要因为这段文字出现了两次“立场”，就直接判断这次的引用目的是“梳理同一议题的不同立场”！从这篇论文的标题，我们知道其内容是讨论胡适与鲁迅的比较。从这段摘录文字的第一句可以看出，作者主张胡适和鲁迅不但在其他方面有差异，连哲学立场也有差异，然后引用两篇文献来证实他的主张。作者将两篇文献的相关内容分别简单概述，然后标注参考文献信息，达到支持他的论点的目的。认为是“梳理同一议题 / 事件不同立场”的同学应该在文中找找造成立场争议的议题或事件在哪儿。你会发现是找不到的。

6. 引用目的：陈述研究基础

说明：这份引用标注了“医闹”定义的来源，这是陈述研究基础的一种引用方式。

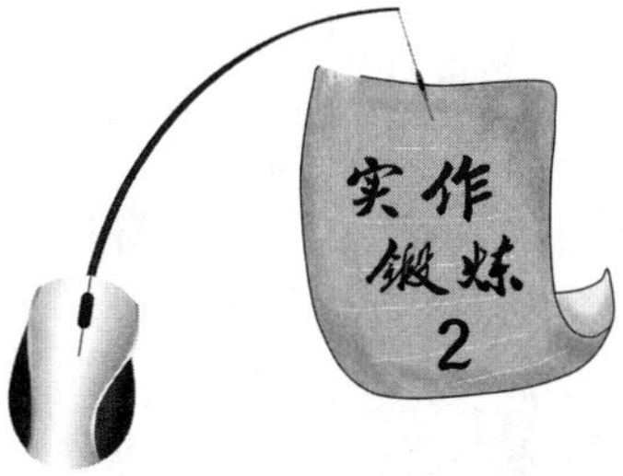

分析引用目的（2）

阅读附录 3《跨文化传播视角下的美食类记录——〈舌尖上的中国〉与〈发现中国：美食之旅〉》，按照页码及序号找到以下脚注，回答下列问题：

示例：第 48 页脚注①：<u>指明信息来源</u>

1. 第 49 页脚注①：________________

2. 第 49 页脚注②：________________

3. 第 50 页脚注①：________________

4. 第 50 页脚注②：________________

5. 第 50 页脚注③：________________

6. 第 51 页脚注①：________________

7. 第 51 页脚注②：________________

8. 第 52 页脚注①：________________

9. 第 52 页脚注②：________________

10. 第 52 页脚注③：________________

11. 第 52 页脚注④：________________

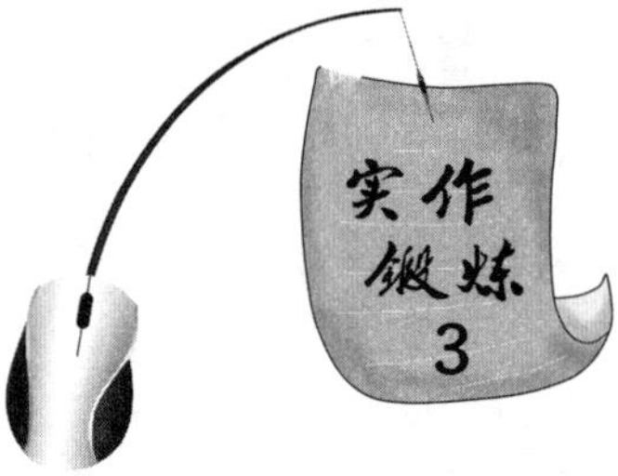

梳理已选文献的引用目的

要完成本作业，你需要以下两份文档：（1）第四课“实作锻炼：文献查找、数据库与研究问题”的第二大题结果（教师已经发回批改过的电子版）；（2）本课7种引用目的的列表及说明。

完成下列任务：

1. 打开一个新的word文档并保存，文档名为“你的名字_论文写作练习11_梳理文献引用目的”。
2. 在开头输入“论文写作练习11：梳理已选文献的引用目的”。
3. 空一行。
4. 将第四课“实作锻炼：文献查找、数据库与研究问题”第二大题的第2小题中，你已经整理好的文献表复制，粘贴到新建的word文档中。
5. 按照第四课“实作锻炼：文献查找、数据库与研究问题”第二大题的第3小题中你对每一篇文献的分析，开始快速阅读文章，将可用的内容标记起来。可以用这个方式阅读：
   a. 先读每段第一句确认那一段的内容是否相关，然后细读你认为“相关”的文段；
   b. 看到可用的内容就打个标记（这时候要开始思考引用目的）。
6. 在新建的word文档中，在每一篇文献下面插入一行，输入“引用目的：____________”并填入引用目的类别（按照本课7种引用目的的列表及说明）。例如：

（1）陈平原.有声的中国——“演说”与近现代中国文章变革[J].文学评论，2007（03）：5–21.

引用目的：支持论文所提出的论点

7. 然后将要引用的内容以文字（而不是图片）的形式贴在“引用目的”的下一行，记住一定要标明页码。例如：

（1）陈平原. 有声的中国——“演说”与近现代中国文章变革 [J]. 文学评论，2007（03）：5–21.

引用目的：支持论文所提出的论点

将学校、报章、演说并列为“传播文明三利器”，如此时尚的晚清话语，发明权归日人犬养毅；而在三利器中突出渲染“演说”的功用，则属于梁启超的精彩发挥：“大抵国民识字多者，当利用报纸；国民识字少者，当利用演说”。日本人演说成风，创于明治思想家福泽谕吉；而近代中国演说风气的形成，则康梁师徒大有贡献。（第 6 页）

8. 使用以上的方法，为文献表中的每一篇文献填入引用目的并贴上引用内容，即完成作业。

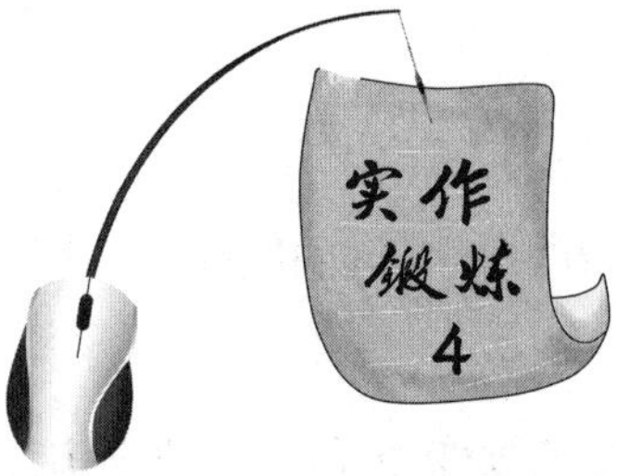

将文献融入论文提纲

本练习需要两份材料：（1）第五课“实作锻炼 3”中的正式提纲；（2）本课通过“实作锻炼 2”已整理好的引用文献内容和引用目的。

完成以下任务：

1. 新建一个 word 文档，存档，文档名为：“你的名字”。
2. 在开头输入“第 6 课锻炼 4：将文献融入论文大纲”。
3. 空一行。
4. 将你在第五课“实作锻炼 3”写好的正式提纲粘贴在这个新建的文档。
5. 将你在本课“实作锻炼 3”选取好的内容粘贴在适合的提纲标题之下。注意，粘贴的时候必须在引用内容后面注明是哪篇文献，放在括弧里，格式为：

（作者名。出版年。文章名称 / 书名。页码（这里指的是内容是从第多少页选的）。引用目的。）

（如果你这篇论文是你之前写过的，你也可以将以前写的内容和引用内容融合。）

第七课 文献的引用（2）：引用的方式

在第六课里，我们已经知道文献的引用对论文内容所起的作用，若能熟悉文献引用的目的并灵活运用，不但能规避剽窃风险，还能使论文的讨论和分析深入且完善。“为什么要引用？”这个问题在第六课已经有详尽的回答，这一课要回答另一个同学们也很想知道的问题：“如何引用？”

引用的方式在学术论文写作中必须是相当规范的。同学们除了了解这些引用方式，还需要经常观察、练习才能熟练掌握。不但格式要完全掌握，小细节也要照顾妥当。

引用可以分为直接引用、改述后间接引用和概要汇整引用三个大类。以下分别介绍。

一、直接引用

假设现在你要在文章中引用郑彦时 2005 年发表的《中国传统政治文化的四大特征》这篇文章。与你的论文相关的，是结论的最后一句：

> 所以在均平主义高调存在的地方，人们完全有理由对集权、特权和无政府倾向保持足够警惕。

你可以将要引用的部分原封不动地放在引号里，同时标示出作者和发表时间，例如：

> 郑彦时（2005）主张："在均平主义高调存在的地方，人们完全有理由对集权、特权和无政府倾向保持足够警惕。"

许多学术期刊规定，在论文的行文中标示出处的时候，必须提供**作者姓名**以及**参考文献出版年**这两项信息。

除了用"郑彦时（2005）主张"之外，你还可以用：

> 郑彦时（2005）对这个现象的结语是：
> 就如郑彦时（2005）已经注意到的：
> 一如郑彦时在他2005年的论文中所提到的：
> 郑彦时（2005）的结论是：

直接引用需注意下面几点：

（1）将引文原封不动地放在引号里，并且注明作者和出处；

（2）直接引用是有限制的：虽然在技术层面可以完全避免剽窃，但是如果直接引用次数太多，论文的指导老师或审查人会怀疑你是不是没有真正理解文章的内容；

（3）直接引用宜于用在提出术语定义或者引用佳言美句以及富有哲理的句子的时候。

二、间接引用（改述法）

如上所述，文献的直接引用是有限制的，而之后我们也会看见概要汇整式的引用也只能按特定的需要使用。这意味着一篇论文大部分的文献引用可能都是间接引用。

间接引用就是在保留文献作者原意的前提下，将文献内容用不同于原文的语句介绍出来。

上面郑彦时（2005）的引用文献除了直接引用，也可以用自己的话将内容表达出来。切记，一定要指明出处是郑彦时（2005），否则就会使人误以为那些话是你自己的分析和结论。下面第一句是郑彦时的原句，第二句和第三句都是改述：

> 第一句：在均平主义高调存在的地方，人们完全有理由对集权、特权和无政府倾向保持足够警惕。
>
> 第二句：如果一个地方存在高调的均平主义，人们就应高度警惕是否会产生特权、集权和无政府倾向（郑彦时 2005）。
>
> 第三句：高调的均平主义意味着集权、特权和无政府倾向的存在（郑彦时 2005）。

以下具体分析第二及第三改述句所使用的手法。

第二句（分为两个部分详解）：

> （1）在均平主义高调存在的地方（原句内容）
>
> → 如果一个地方存在高调的均平主义（改述内容）

手法：此句的关键词是“均平主义”和“高调”。原句用一个名词短语“在……存在的地方”，“高调”是状语（“高调存在”）。改述以一个假设句呈现：“如果一个地方存在……”，“高调”是定语（“高调的均平主义”）。

> （2）人们完全有理由对集权、特权和无政府倾向保持足够警惕（原句内容）
>
> → 人们就应高度警惕是否会产生特权、集权和无政府倾向（改述内容）

手法：“人们完全有理由对……保持足够警惕”改以“人们就应高度警惕……”的句式呈现。将“警惕”和“特权、集权和无政府倾向”利用合语法的结构前后换位。

第三句：

将“人们”为主语的句式去掉，直接用“意味着”连接“均平主义”和“集权、特权和无政府倾向”。

要能将第一句改述成第三句，你必须彻底地了解第一句的内容，才能看出哪些是核心内容，哪些是写作时选用的表达方式。所以对内容的理解越好，改述就越恰当。

下面举几个改述不理想的例子，让大家认识改述时常犯的错误，在进行改述引用的时候应当留心避免。

下面的改述是以郑彦时（2005）的另一个句子为基础，第一句是原句，后面四句都是不理想的改述：

第一句：与家长制相映随形的，是中国特有的礼制秩序或伦理角色定位系统。

第二句：郑彦时（2005）说到，与家长制相映随形的，是中国特有的礼制秩序或伦理角色定位系统。

第三句：郑彦时（2005）观察到，与家长制如影随形，是带着中国特色的礼制秩序以及伦理角色的定位。

第四句：郑彦时（2005）认为，长辈制度一旦存在，就会有带着中国特色的礼仪要求和伦理互动的规矩。

第五句：郑彦时（2005）认为，家长制一旦存在，带有中国特色的礼制秩序或伦理角色定位系统也会存在，这个现象放眼全世界只在中国出现。

第二句不理想，是因为除了提到作者之外，其他都和原文一模一样。第三句虽然改动了两三个词，但还是和原句太像，整体语法结构并没有改变。第四句虽然在结构上有变化，却有一个很严重的错误，即不当使用近义词语。“家长制”和“长辈制度”并不是同样的概念；“礼制秩序”和“礼仪要求”也相差很远；“伦理角色”以“伦理互动”代替也不理想。在这个例子中，“家长制”“礼制秩序”“伦理角色”都是特定的术语，不需要替换，改述的时候应该从语句的结构下手。第五句犯的也是一个严重错误，就是增加了原文没有的内容（“这个现象放眼全世界只在中国出现”），毫无事实根据，且篡改了作者的原意，却挂着作者（郑彦时）的名字。

下面的第六句是一个比较合适的改述：

> 第六句：郑彦时（2005）观察到，家长制一旦建立起来，随之而来的就是以中国思维定位的伦理角色，在带着中国特色的礼制秩序中生活行动。

三、概要汇整引用

以概要的方式引用，就是将一整篇或者数篇文献的重点浓缩为很少几句或一小段文字。概要必须用自己的话重新组织撰写，必要时加入少量的直接引用。以下陈平原在《有声的中国——“演说”与近现代中国文章变革》引用梁启超的《新中国未来记》第一回，就是一个概要穿插直接引用的好例子：

> 关注那些转瞬即逝的声音，既是后世史家的责任，也是当事人的期待。光绪二十八年（1902），梁启超借政治小说《新中国未来记》驰骋想象：六十年后，中国人在南京举行维新五十周年庆典，同时，在上海开大博览会，不只展览商务、工艺，而且演示学问、宗教。“各国专门名家、大博士来集者不下数千人，各国大学学生来集者，不下数万人，处处有演说坛，日日开讲论会，竟把偌大一个上海，连江北，连吴淞口，连崇明县，都变作博览会场了”。博览会场中间最大的讲座，公推博士三十余人分类演讲中国政治史、哲学史、宗教史、财政史、风俗史、文学史等，其中又以全国教育会会长孔觉民老先生演讲的“中国近六十年史”最为精彩[③]。
>
> ③ 饮冰室主人：《新中国未来记》第一回，《新小说》1号，1902年11月。

《新中国未来记》是陈平原这篇文章的重要基础文献，作者专门选取梁启超在此小说中讲论描述“演讲”的内容，用概要汇整的方式将相关性最高的部分引用到论文中。

另外一个以概要形式引用的例子可见于许荣漫和贾志科的《青年农民工的“闪婚”现象研究——以豫西南 M 村的个案为例》一文。作者以概要的形式介绍了三篇文献，这三篇文献有不同的主题，但共同点是它们都关注青年农民工的婚姻问题。

在外出打工青年的婚姻问题方面已有不少学者做出了重要的贡献，主要集中在以下几个方面：第一，民工潮下农村通婚圈的变动研究。如周献德研究了农民工陌生人婚恋场域的形成和社会的评价，分析了在城乡流动性强的背景下，农村青年婚恋模式的调整状况[2]。仰和芝等人以安徽省 C 村为个案，分析了 C 村未婚女性外出打工与通婚地域圈变化状况的关系[3]。周贤润则从社会学与人类学的学科视野对通婚圈变动的研究进行整理[4]。

[2] 周献德：《城乡流动背景下农村青年婚恋模式的变迁——农村新婚恋“场域”的形成与影响分析》，载《河北农业科学》2009 年第 10 期。

[3] 仰和芝等：《农村未婚女性外出打工与通婚地域圈变化关系的实证研究——以安徽 C 村未婚打工女性为例》，载《安徽农业科学》2006 年第 16 期。

[4] 周贤润：《通婚圈研究综述——以社会学、人类学学科为视野的讨论》，载《法制与社会》2009 年第 25 期。

本课课文所引文献如下：

陈平原. 有声的中国——“演说”与近现代中国文章变革［J］. 文学评论，2007（03）：5–21.

郑彦时. 中国传统政治文化的四大特征［EB/OL］.（2005–10–17）［2019–07–05］. https://bbs.tianya.cn/m/post-no01-191436-2.shtml.

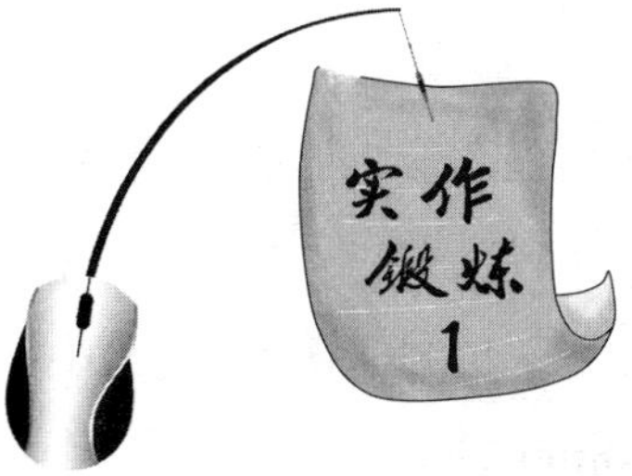

引用方式与改述练习

一、选择正确答案：

1. 原文：腐朽的地方在于：政府对农产品实施了扶持价格。

   出处：薛兆丰 . 牛奶为何倒进大海［N］. 21 世纪经济报道，2001–07–23.

   以下哪一个是正确的直接引用？

   A. “腐朽的地方在于：政府对农产品实施了扶持价格。”

   B. 薛兆丰（2001）认为：“腐朽的地方在于：政府对农产品实施了扶持价格。”

   C. 薛兆丰（2001）主张，腐朽的地方在于政府对农产品实施了扶持价格。

2. 原文：权力崇拜作为一种社会价值取向，其存在前提是政治的泛化，即是说国家与社会、政治与经济的一体化。

   出处：郑彦时 . 中国传统政治文化的四大特征［EB/OL］.（2005–10–17）［2019–07–05］. https://bbs.tianya.cn/m/post–no01–191436–2.shtml.

   以下哪一个是最恰当的改述？

   A. 郑彦时（2005）主张，当国家社会融合、政治与经济密不可分时，权力崇拜就会成为一种社会观。

   B. 郑彦时（2005）表示，权力崇拜作为一种社会价值取向，其存在前提是政治的泛化，即是说国家与社会、政治与经济的一体化。

   C. 郑彦时（2005）认为当政治泛化到国家与社会成为一体、政治与经济不可分割的程度时，权力崇拜就会成为一种社会价值取向。

二、将下列原文改述为间接引文（附参考答案）：

1. 原文：家长制体现的是在政治生活的序列中，人们自上而下拥有绝对权力而无相应的义务；由下而上只有绝对的义务而无相应的权利。

出处：郑彦时 . 中国传统政治文化的四大特征［EB/OL］.（2005-10-17）［2019-07-05］. https://bbs.tianya.cn/m/post-no01-191436-2.shtml.

2. 原文：很多人以为，这是由于市场经济的内在缺陷造成的，但事实恰恰相反，那是由于市场经济不彻底造成的。

出处：薛兆丰 . 牛奶为何倒进大海［N］. 21 世纪经济报道，2001-07-23.

3. 原文：在我看来，中国的“文学教育”，主要问题出在以“文学史”为中心的教学体系（背后确有配合国家意识形态及思想道德教育的意味，此处不赘），窒息了学生的阅读快感、审美趣味与思维能力。

出处：陈平原 . 假如没有“文学史”［J］. 读书，2009（01）：69-75.

4. 原文：大多数民众只注重从效率和收益这两个角度来评判外界和周遭，甚至仅仅把外界看作是个体发展的工具与手段。公民个体一旦封闭在自我的生活世界中，工具性地理解与判断外部社会，显然就会缺乏政治参与的热情。

出处：郭倩倩，秦龙 . 政治冷漠与积极公民重塑［J］. 探索与争鸣，2016（03）：50-53.

【参考答案与讨论】

1. 原文：家长制体现的是在政治生活的序列中，人们自上而下拥有绝对权力而无相应的义务；由下而上只有绝对的义务而无相应的权利。

值得参考的改述

（1）政治生活的序列中能找出家长制的存在，就是人们对下位拥有绝对权力，而对上位只有绝对的义务（郑彦时 2005）。（改述者：崔 ××）

（省略“而无……”的小句，既表达原意又能避免抄袭。）

（2）郑彦时（2005）观察到人们由上而下只有绝对权力，自下而上只有绝对的义务是政治生活的序列中家长制的体现。（改述者：金 ××）

（省略“而无……”的小句，句式与顺序皆有调整。）

（3）人们自上而下只有权力，但没有义务；而自下而上则只有义务，但没有权利——这就是家长制所体现的政治规矩（郑彦时 2005）。（改述者：王 ××）

（句式与顺序皆有调整。）

不恰当的改述及其问题

（1）郑彦时（2005）认为，“长辈”对“晚辈”拥有绝对的权力而无相应的义务；“晚辈”对“长辈”只有无条件的义务而无相应的权利，这就是家长制体现在政治生活系列中的结果。

（问题：“上位者”与“下位者”的关系不一定是“长辈”与“晚辈”。画线部分句式也太像。）

（2）郑彦时（2005）认为在政治生活中，根据人们的地位拥有的权利和义务不同。权力相对集中在上位，而更多义务分配在下位。而这就是政治生活中家长制的表现。

（问题：1. 这不是郑彦时“认为”的观点，而是他观察到的事实；2. 原文用的词是“绝对”，这里改成了“相对”“更多”。）

（3）郑彦时（2005）主张，家长制一般体现于政治生活中，人们如果由下而上就有极大的义务而不相应的权利，如果自上而下就相反其权利和义务。

（问题：对汉语的掌握需要再加强。汉语不说“相反其权利和义务”，“相反”不是动词。）

2. 原文：很多人以为，这是由于市场经济的内在缺陷造成的，但事实恰恰相反，那是由于市场经济不彻底造成的。

值得参考的改述

（1）与多数人想的不一样的是，造成的原因不在市场经济的内在缺陷，而在市场经济的不彻底（薛兆丰 2001）。（改述者：梁 ××）

（改变了动词和句式。）

（2）薛兆丰（2001）表示，原来这是市场经济不彻底导致的，而不是因为市场经济有了内在缺陷。（改述者：金 ××）

（替换了动词，省略了“很多人以为……”。）

（3）薛兆丰（2001）主张这其实是市场经济实行不够彻底引起的，但是许多人却认为这是市场经济的内在问题引起的。（改述者：崔 ××）

（改变了动词以及顺序。）

不恰当的改述及其问题

（1）薛兆丰（2001）观察到，事实是因为市场经济不严谨导致的，可是众所周知，这是因为市场经济的内在漏洞导致的。

（问题：“不严谨”不能代替“不彻底”；“众所周知”知道的是事实，但是这里只是很多人的观感和印象。）

（2）薛兆丰（2001）表示，不少人都知道这是由于市场经济的内在的缺陷而造成的，可是原来不是这样，那就是由于市场经济的不完善而造成的。

（问题：句式太像，有的是直接照抄；“不少人以为”不能以“不少人知道”代替；“不彻底”不能以“不完善”代替。）

3. 原文：在我看来，中国的“文学教育”，主要问题出在以“文学史”为中心的教学体系（背后确有配合国家意识形态及思想道德教育的意味，此处不赘），窒息了学生的阅读快感、审美趣味与思维能力。

值得参考的改述

（1）陈平原（2009）观察到“文学史”为中心的教学体系让学生失去阅读兴趣、审美趣味与思维能力。这是中国“文学教育”的主要问题。（改述者：金 ××）

（调整了顺序，而且将关键的动词替换成另一个同义词。原文“窒息”是陈平原个性化的特色。）

（2）陈平原（2009）主张，导致中国“文学教育”出现问题的，是以“文学史”为中心的教学体系，磨灭了学生的读书快感、审美趣味与思维能力。（改述者：梁 × ×。）

（改句式，使用“磨灭”这个动词。）

（3）陈平原（2009）主张，中国大程度注重“文学史”的文学教学体系虽然是对国家意识形态与思想道德教育的配合，却使学生失去阅读快感、审美趣味和思维能力。（改述者：金 × ×）

（把括号里面的内容合适地融入了正文。）

<u>不恰当的改述及其问题</u>

（1）陈平原（2009）表示，窒息学生的阅读快感、审美趣味与思维能力的主要原因在于中国的“文学教育”：以“文学史”为中心的教学体系<u>（此处不赘，背后的配合国家意识形态及思想道德教育的意味）</u>。

（问题：1. 画线部分几乎全部照抄；2. 窒息学生的阅读快感、审美趣味与思维能力的原因很多，并不会只有“文学教育”，改述时将“文学教育”当成这些现象的“主要原因”，与原文意不符。）

（2）从中国的“文学教育”来看，<u>窒息了学生的阅读快感、审美趣味和思维能力的原因就是</u>，从“文学史”为中心的教学体系。（陈平原 2009）

（问题：句式不错，知道省略括号内容，但是画线部分照抄。）

（3）陈平原（2009）观察到，中国的“文学教育”的问题，即<u>窒息了学生的阅读快感、审美趣味与思维能力</u>，这些问题主要出在以“文学史”为中心的教学体系<u>（背后有配合国家意识形态及思想道德教育的意味，此处不赘）</u>。

（问题：1. 第一个画线部分照抄原文。2. 第二个画线部分完全照抄。就算位置换了，名词和动词的组合与原文一样就是照抄，就不是改述。）

（4）陈平原（2009）认为，中国的“文学教育”中妨碍<u>学生对文学阅读快感</u>、审美趣味和思维能力的主要原因是<u>以注重背后配合的意识形态和思想道德教育意味的文学史为中心的教学系统</u>。

（问题：1. 第一个画线部分不合语法；2. 第二个画线部分太复杂，改述后反而拗口，就是没改好。）

4. 原文：大多数民众只注重从效率和收益这两个角度来评判外界和周遭，甚至仅仅把外界看作是个体发展的工具与手段。公民个体一旦封闭在自我的生活世界中，工具性地理解与判断外部社会，显然就会缺乏政治参与的热情。

值得参考的改述

（1）郭倩倩、秦龙（2016）认为，大多数人民因主要以效率和收益来判断外部社会，所以对政治参与缺乏热情。

（简洁并且能整合所有的原因。）

不恰当的改述及其问题

（1）郭倩倩、秦龙（2016）认为，大多数民众都缺乏政治参与的热情，这是因为公民个体往往封闭在自我的生活世界中，从效率和收益这两个角度来评判外界和周遭，有时工具性地理解与判断外部社会。

（问题：名词和动词的组合都原封不动，只是改变了排列顺序。）

（2）假设公民个体封闭在自我的生活世界中，工具性的理解与判断外部社会，显然就会缺乏政治参与的热情。这个问题的发生不但是因为大多数民众只注重效率和收益来评判外界和周遭，甚至还因为人们仅仅把外界看作是个体发展的工具与手段（郭倩倩、秦龙 2016）。

（问题：画线部分完全照抄。就算位置换了，名词和动词的组合与原文一样就是照抄，就不是改述。）

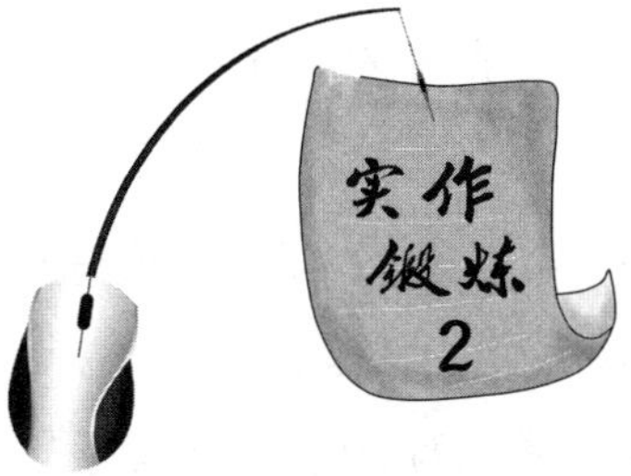

改述练习（1）

将下列原文改述为间接引文，并注明作者、发表年及页码：

示例：许荣漫、贾志科（2010：190）

1. 原文：“闪婚”作为一种农民工在长久的探索之后所形成的一种快速、经济、有效的形式，已经在部分农村中流行起来，但是“闪婚”虽然是人们的一种理性选择，同时也是一种无奈的选择。

   出处：许荣漫，贾志科．青年农民工的“闪婚”现象研究——以豫西南M村的个案为例 [J]. 社会科学论坛，2010（19）：180–191. 引自第190页。

   （提示：“闪婚”在这里是关键词，不需要以其他词语代替“闪婚”。）

2. 原文：五四时期，鲁迅接受了进化论的发展观，认为将来必胜于过去，青年必胜于老人，希望是在于未来。

   出处：胡德才．《兔和猫》在鲁迅创作中的意义 [J]. 鲁迅研究月刊，2004（02）：40–44. 引自第40页。

3. 原文：对于演讲者来说，现场的氛围，构成巨大的压力。在十人、百人、千人、万人的场合演说，声调、语速、手势全都不一样；总的趋势是，人越多，手势越夸张，长句变短句、短句变单词（这里还得考虑麦克风放大尾音的影响）。在群众集会上演说，很难有冷平和的思考与表达，往往是调子越唱越高，上得去，下不来。值得注意的是，这种“现场感”与“听众的压力”，很可能一直延续到书斋，渗透在你的思维以及笔墨之中。

出处：陈平原.有声的中国——“演说”与近现代中国文章变革[J].文学评论，2007（03）：5-21.引自第15页。

4. 原文：贵州过年时很多人会带很多各种各样的东西回家。但对学生来说他的成绩是一个最大的礼物。

出处：李军艳.浅议中国传统节日习俗[J].读与写（教育教学刊），2014，11（08）：255.

5. 原文：苏轼吸收了庄子这种齐一万物的相对主义哲学观，形成了旷达超脱的人生态度，这在他的散文创作中多有体现。苏轼任知密州后，生活困难，以杞菊为食，但他心胸豁然，随遇而安。

出处：崔花艳.论《庄子》对苏轼散文创作的影响[J].合肥学院学报（社会科学版），2011，28（04）：44-47.引自第44页。

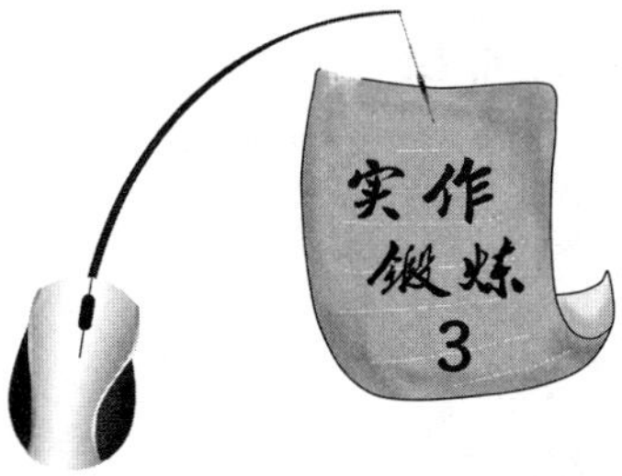

改述练习（2）

将下列原文改述为间接引文：

1. 原文：中国不仅有男性批评家参与女性主义研究，而且有不少优秀的男性学者致力于女性主义的建设。不仅有男性学者热情参与西方女性主义的译介，同时有男性理论家的大量阐释，为西方女性主义在中国的传播做出积极的贡献而且有男性批评家积极参与女性主义理论的批评实践，为女性主义在中国的进一步发展提供了可能。中国女性主义的发展与男性学者、批评家的努力是分不开的。（只改画线部分）

   出处：吴芳．男性视角下的女性主义［D］．华东师范大学，2006.

2. 原文：改革开放以来，无论是全国居民收入差距，还是城镇与农村内部居民收入差距，都处于不断扩大之中。

   出处：杨天宇．改革开放以来的收入分配：回顾和展望［J］．学习与探索，2008（04）：6–12.

3. 原文：女性真正的解放不是仅仅表现脱离家庭和获得婚姻自由上，而是只有彻底变革阻碍女性解放的不合理的社会制度和社会环境才有出路。所以女性的解放不是女人自己的事情，它还是整个人类的事业。

出处：李颖娟.《觉醒》与《青春之歌》跨文化比较［J］. 文教资料，2009（25）：20–21.

4. 原文：作为我国三种传统的手法，赋比兴的意义，历来说法众多。笔者认为，赋就是铺陈直叙，即诗人把思想感情及有关的事物平铺直叙地表达出来。其多数运用铺排的手法，即在篇幅较长的诗作中，铺陈与排比往往是结合在一起用的，其将一连串内容紧密关联的景观物象、事态现象、人物形象和性格行为，按照一定的顺序组成一组结构基本相同、语气基本一致的句群。

出处：杨彦科.浅论《诗经》中的艺术手法——赋比兴［J］. 科技信息（学术研究），2008（15）：476–479.

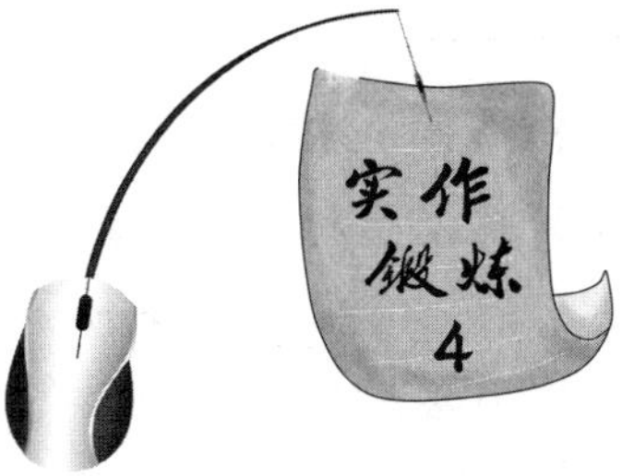

在论文中正确引用文献

第六课“实作锻炼 4”顺利完成的同学，你们的论文正文现在应该看起来像这样：

珍珠奶茶，喝还是不喝？

一、报纸杂志经常说到珍珠奶茶对健康有害，但是实际从销售来看珍珠奶茶还是很受欢迎的

（一）报纸杂志有许多披露珍珠奶茶不健康的报道

1. 珍珠奶茶没有奶

奶茶中并没有一滴真正的鲜奶，所有包含“奶”的成分，均由奶精替代……（广西质量监督导报。2013。奶茶中无鲜奶系奶精调制。26。指明信息来源。）

记者在调查过程中先后走访了朝阳、通州等地 20 余家奶茶店，所有奶茶店勾兑调制奶茶使用的都是奶精，而非鲜牛奶……北京营养师俱乐部营养专家王旭峰表示：**“奶精里面包含着反式脂肪酸，这种东西是对人体有害的。尤其是这种散装的奶精，它里面添加剂的成分很可能超标。再加上操作过程不规范，过量摄入反式脂肪酸的话，会导致孕妇早产。”**（2013。奶茶中无鲜奶系奶精调制。广西质量监督导报。27。指明信息来源。）

2. “珍珠”对人体有害

朱刚解释称，那家加盟公司告诉他，目前的珍珠为了增加嚼劲，有些生产商开始往里面加了高分子材料，也就是传统意义上的“塑料”……（韩山岳。2009。业内人自曝奶茶业黑幕 喝“珍珠奶茶”相当于吃塑料。质量探索。8。指明信息来源。）

“珍珠的主要成分就是木薯淀粉，但它弹性不好，为了增加弹性，应该是添加小麦蛋白，但厂家为了节省成本，就添加高分子材料，这样嚼劲就有了，但塑料是不能被人体吸收的，长期使用的后果你想会是什么？”朱刚介绍完珍珠，又介绍起了“椰果”。（韩山岳。2009。业内人自曝奶茶业黑幕 喝“珍珠奶茶”相当于吃塑料。质量探索。9。指明信息来源。）

参考文献表

[1] 奶茶中无鲜奶系奶精调制 [J]. 广西质量监督导报，2013（04）：26-27.

[2] 韩山岳 . 业内人自曝奶茶业黑幕 喝“珍珠奶茶”相当于吃塑料 [J]. 质量探索，2009（08）：8-10.

以第六课“实作锻炼 4”的作业为基础，完成下列任务：

1. 每一段的大意原封不动地放着。
2. 将黑体的引文以正确的引用方式引用。
   a. 直接引用加上引号，内容不宜太长；
   b. 间接引用需改述后才引用，要让人非常清楚哪个部分是引用的，哪个部分是你自己写的；
   c. 插入的引用内容要适当使用连接的词语介绍进来，不可看起来太突兀；
   d. 参考文献的信息要保留（注意，直接引用在引号内可用原文的句点结束；如果是间接引用，引用结束后，句点或逗点要放在参考文献信息后面）。
3. 最后面的参考文献表保留。
4. 如果你顺利完成了这份作业，恭喜你，你的论文文献引用部分已初步完成了。

第八课
参考文献的格式（1）：参考文献表

我们先来观察以下摘录的文字，在哪儿能找到参考文献的信息呢？

> **鹦鹉救火与铸剑复仇**
>
> ——胡适与鲁迅的济世情怀
>
> 陈平原
>
> ……只说家教、性情、社会地位不同，或留日留美处境的差异，显然还不够；学养背后，还有哲学立场。胡适的渐进改良立场，背后是杜威的实验主义哲学；[③]反过来，鲁迅的彻底怀疑与坚决反叛，则有尼采哲学的深刻印记。[④]……
>
> ③ 胡适：《实验主义》，《胡适全集》1，第 277—323 页。
>
> ④ 张钊贻：《鲁迅：中国“温和”的尼采》，北京：北京大学出版社，2011 年。

当我们在论文中参考文献时，要在两处提供参考文献信息：

第一，参考文献标注，标注于正文中，可以是（[作者][出版年]：[页码]），也可以是文献的序号（例如 [1][2]……，①②……）。

第二，参考文献表，提供参考文献的详细信息，既可以集中排列在文章的最后，也可以在引用的那一页下方以脚注的形式著录。不同的学术期刊要求不一样，必须按其规定的位置与格式呈现。但不管是哪一种，都要与正文中的标注保持一致，尤其要避免正文有标注，参考文献表却没有信息的情形发生。

适当的文献引用不但使我们规避剽窃的风险，更能展现我们对论文主题的丰富知识以及文献查找的能力。一篇好的论文应该有信息充分、编排严谨、格式整齐的参考文献标注和参考文献表。

现在有一些软件（例如 Endnote）能够帮助我们在写文章的时候方便地插入所选的文献，并且用整齐的格式为作者生成参考文献标注与列表。此外，中国知网的信息在导出时，就能生成中国知网格式或 CAJ 格式的参考文献表。不过，在使用这些自动生成的服务前，还是有必要熟悉参考文献格式的要求。

中国国内出版物的参考文献著录，是以中华人民共和国国家标准之《信息与文献 参考文献著录规则》为主要标准，最新版编号为“GB/T 7714—2015”。这是中国各大期刊投稿指南的基础，写论文的人都应该熟练掌握，正确使用。

本课节选整理了这份文件中关于参考文献表的具体格式要求，每节编码遵照原文，在内容中加入适当的解释。写论文的人应务求对每一种格式的要求有完全的了解，并且能从示例中学习应用，好让自己文章的参考文献表符合规则要求。若欲了解更多相关细节，可在网上下载《信息与文献 参考文献著录规则》（GB/T 7714—2015）详细阅读。

信息与文献 参考文献著录规则（GB/T 7714—2015）

说明：该著录规则规定，参考文献表按各文献在文章中出现的先后顺序来组织。参考文献的种类很多，组织安排信息的方式都各有些许差异，读者应仔细比较，找出不同文献类型安排信息方式的异同。此外，按照该著录规则，不同类型的参考文献用不同的字母或字母组合作为标识。以下为常见文献类型及其标识：

A—档案，C—会议录，D—学位论文，DB—数据库（加 OL 一同标注为 DB/OL），EB—电子公告（网上论坛 BBS 等，加 OL 一同标注为 EB/OL），J—期刊文章，M—普通图书，N—报纸，OL—联机网络，P—专利，R—报告，S—标准，Z—其他未说明的文献类型。

4　著录项目与著录格式

4.1　专著

主要责任者．题名：其他题名信息［文献类型标识］．其他责任者．版本项．出版地：出版者，出版年：引文页码（任选）．

示例：

［1］陈登原．国史旧闻：第 1 卷［M］．北京：中华书局，2000：29.

［2］徐光宪，王祥云．物质结构［M］．北京：科学出版社，2010.

［3］哈里森，沃尔德伦．经济数学与金融数学［M］．谢远涛，译．北京：中国人民大学出版社，2012：235–236.

［4］牛志明，斯温兰德，雷光春．综合湿地管理国际研讨会论文集［C］．北京：海洋出版社，2012.

［5］中国第一历史档案馆，辽宁省档案馆．中国明朝档案总汇［A］．桂林：广西师大出版社，2001.

［6］PEEBLES P Z, Jr. Probability random variable, and random signal principles［M］. 4th ed. New York: McGraw Hill, 2001.

（说明："其他责任者"不是每篇文献必有，有"其他责任者"则必须标注，如示例［3］中"谢远涛，译"；"版本项"也不是每篇文献必有，只标注第一版之外的版本，如示例［6］中的"4th ed"；"引文页码"如果正文中已经标注，则参考文献表可以不标注。）

4.2　专著中的析出文献

析出文献主要责任者．析出文献题名［文献类型标识］．析出文献其他责任者 // 专著主要责任者．专著题名：其他题名信息．版本项．出版地：出版者，出版年：析出文献的页码．

示例：

［1］马克思．政治经济学批判［M］// 马克思，恩格斯．马克思恩格斯全集：第 35 卷．北京：人民出版社，2013：302.

［2］陈晋镳，张惠民，朱士兴，等．蓟县震旦亚界研究［M］// 中国地质科学院天津地质矿产研究所．中国震旦亚界．天津：天津科学技术出版社，1980：56–114.

[3] 贾东琴，柯平．面向数学素养的高校图书馆数字服务体系研究［C］//中国图书馆学会．中国图书馆学会年会论文集：2011 年卷．北京：国家图书馆出版社，2011：45–52.

4.3 连续出版物（主要指期刊）

主要责任者．题名：其他题名信息［J］．年，卷（期）–年，卷（期）．出版地：出版者，出版年．

（说明：报纸一般不会在参考文献表中单独列出，而是以析出文献的条目呈现，所以这里没有格式和举例。）

示例：

[1] 中华医学会湖北分会．临床内科杂志［J］．1984，1（1）–．武汉：中华医学会湖北分会，1984–.

[2] 中国图书馆学会．图书馆学通讯［J］．1957（1）–1990（4）．北京：北京图书馆，1957–1990.

[3] American Association for the advancement of Science. Science[J]. 1883, 1(1)–. Washington, D.C.: American Association for the advancement of Science. 1883–.

4.4 连续出版物中的析出文献

析出文献主要责任者．析出文献题名［文献类型标识］．连续出版物题名：其他题名信息，年，卷（期）：页码．

示例：

[1] 袁训来，陈哲，肖书海，等．蓝天生物群：一个认识多细胞生物起源和早期演化的新窗口［J］．科学通报，2012，55（34）：3219.

[2] 杨宗英．电子图书馆的现实模型［J］．中国图书馆学报，1996（2）：24–29.

[3] 谢希德．创造学习的新思路［N］．人民日报，1998–12–25（10）．

[4] CAPLAN P. Cataloging internet resources[J]. The public access computer systems review, 1993, 4(2):61–66.

（说明：不是每篇文献必有“卷”和“期”信息，可能只有其一，如示例

[2]；不过两者皆无的情况比较少。报纸的页码，通常称“版”，如示例 [3]，发表于《人民日报》1998 年 12 月 25 日第 10 版。）

4.5　专利文献

专利申请者或所有者. 专利题名：专利号 [P]. 公告日期或公开日期.

示例：

[1] 邓一刚. 全智能节电器：200610171314.3[P].2006-12-13.

4.6　电子资源

主要责任者. 题名：其他题名信息 [文献类型标识]. 出版地：出版者，出版年：引文页码（更新或修改日期）[引用日期]. 获取和访问路径. 数字对象唯一标识符.

（说明：数字对象唯一标识符就是 DOI，有可能单独列出，也有可能包含在“获取和访问路径”中。）

示例：

[1] 刘乃安. 生物质材料热解失重动力学及其分析方法研究 [D/OL]. 合肥：中国科学技术大学，2000：17-18[2014-08-29]. http://wenku.baidu.com/link?url=GJDJxb41xBUXnIPmq1XoEGSIr1H8TMLbidW_Lj1Yu33tpt707u62rK1iypUFBGUmox7ovPNaVIVBALAMd5yfwuKUUOAGYuB7cuZ-BYEHXa. DOI:10.7666/d.y351065.

（说明：DOI 不包含在“获取和访问路径”中，见画线处。）

[2] DEVERELL W, IGLER D. A companion to California history[M/OL]. New York: John Wiley & Sons, 2013: 21-22（2013-11-15）[2014-06-24]. http://onlinelibrary.wiley.com/doi/10.1002/ 9781444305036.ch2/summary.

（说明：DOI 包含在“获取和访问路径”中，见画线处。）

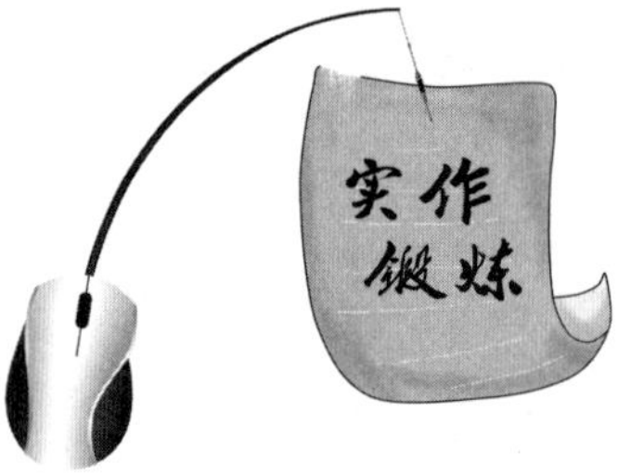

认识参考文献表

一、参考本课内容，填入每一条参考文献的文献类型：

1. 中国传统节日——春节［J］. 中国资产评估，2011，02：47.

____

2. 遏制“暴富宴”开吃“长寿面”［N］. 经济参考报，2006-12-05（001）.

____

3. 吴云芳. 面向中文信息处理的现代汉语并列结构研究［D/OL］. 北京：北京大学，2003［2013-10-14］. http://thesis.lib.pku.edu.cn/dlib/ List.asp?lang=gb& type=Reader&DocGroupID=4&DOCID =6328.

____

4. 美国妇产科医师学会. 新生儿脑病和脑性瘫痪发病机制与病理生理［M］. 段涛，杨慧霞，译. 北京：人民卫生出版社，2010：38-39.

____

5. 靳新来. “人”与“兽”的纠葛［D］. 上海：复旦大学，2004.

____

6. 汪学军. 中国农业转基因生物研发进展与安全管理［C］// 国家环境保护总局生物安全管理办公室. 中国国家生物安全框架实施国际合作项目研讨会论文集. 北京：中国环境科学出版社，2002：22-25.

____

7. 宋史卷三：本纪第三［M］// 宋史：第 1 册．北京：中华书局，1997：49.

____

8. 雷光春．综合湿地管理：综合湿地管理国际研讨会论文集［C］．北京：海洋出版社，2012.

____

二、填入画线部分在《信息与文献　参考文献著录规则》中的对应名称：

示例：

美国妇产科医师学会．新生儿脑病和脑性瘫痪发病机制与病理生理［M］．段涛，杨慧霞，译．北京：人民卫生出版社，2010：38-39.

其他责任者

1. 汪学军．中国农业转基因生物研发进展与安全管理［C］// 国家环境保护总局生物安全管理办公室．中国国家生物安全框架实施国际合作项目研讨会论文集．北京：中国环境科学出版社，2002：22-25.

____

2. DEVERELL W, IGLER D. A companion to California history[M/OL]. New York: John Wiley & Sons, 2013: 21-22（2013-11-15）[2014-06-24]. http://onlinelibrary.wiley.com/doi/10.1002/9781444305036.ch2/summary.

____

3. 陈晋镳，张惠民，朱士兴，等．蓟县震旦亚界研究［M］// 中国地质科学院天津地质矿产研究所．中国震旦亚界．天津：天津科学技术出版社，1980：56-114.

____

4. 汪学军．中国农业转基因生物研发进展与安全管理［C］// 国家环境保护总局生物安全管理办公室．中国国家生物安全框架实施国际合作项目研讨会论文集．北京：中国环境科学出版社，2002：22-25.

____

5. 北京市人民政府办公厅. 关于转发北京市企业投资项目核准暂行实施办法的通知：京政办发［2005］37号［A/OL］.（2005-07-12）［2011-07-12］. http://china.findlaw.cn/fagui/p_l/39934.html.

____

6. 西安电子科技大学. 光析变自适应光外差探测方法：01128777.2［P/OL］. 2002-03-06［2002-05-28］. http://211.152.9.47/sipoasp/zljs/hyjs-yxnew.asp?recid=01128777.2&leixin=0.

____

7. 西安电子科技大学. 光析变自适应光外差探测方法：01128777.2［P/OL］. 2002-03-06［2002-05-28］. http://211.152.9.47/sipoasp/zljs/hyjs-yxnew.asp?recid=01128777.2 &leixin=0.

____

三、指出下列参考文献不符合《信息与文献　参考文献著录规则》规定之处：

1. 程碧英.《论语》“孝”字的文化阐释［J］. 四川师范学院学报（哲学社会科学版），2003，03.

（1处）____________________

2. 张传玺. 论秦始皇的功过是非［N］// 中华读书报，2009-10-21.

（2处）____________________

3. 洪尚郁. 中国传统节日的特点［D］. 导师：徐万邦. 中央民族大学，2009.

（2处）____________________

4. 张万民. 朱熹赋比兴体系新探 // 中国古代文学理论学会. 中国古代文学理论学会第十七届年会暨国际学术研讨会论文集［C］. 2011：7.

（2 处）__________________

5. 王学谦. 道家文化：鲁迅生命意识的传统资源 [J]. 齐鲁学刊，2007，02：93–96。

（1 处）__________________

6. 嘉戎语研究 [M]. 成都：四川民族出版社，1993.

（1 处）__________________

第九课
参考文献的格式（2）：不同的标注格式

上一课提到，论文中引用文献需要在两处提供参考文献信息：第一处是在正文中作标注，这个称为“参考文献标注”，目的是标明论文内容是引用他人已发表的文献；第二处是“参考文献表”，著录所引文献的详细信息。

在上一课中，我们了解了中华人民共和国国家标准之《信息与文献 参考文献著录规则》（GB/T 7714—2015），学习了著录参考文献的格式要求与规则。在这一课中，我们要学习如何将参考文献标注与参考文献表用统一的格式对应起来。首先我们先看参考文献表有哪些排列方式，然后再学习相应的参考文献要如何标注。

本课的内容还是以《信息与文献 参考文献著录规则》（GB/T 7714—2015）为基础，小节编码按原文，在内容中加入适当的解释和示例。要想了解更多相关细节，可上网下载《信息与文献 参考文献著录规则》（GB/T 7714—2015）详细阅读。

信息与文献：参考文献著录规则（GB/T 7714—2015）

9 参考文献表

参考文献表可以按顺序编码组织，也可以按著者–出版年制组织。引文参考文献既可以集中著录在文后或书末，也可以分散著录在页下端。

9.1 顺序编码制

参考文献表采用顺序编码制组织时，各篇文献应按正文部分标注的序号依次列出。

示例：

[1] BAKER S K, JACKSON M E. The future of resource sharing[M]. New York: The Haworth Press, 1995.

[2] CHERNIK B E. Introduction to library services for library technicians[M]. Littleton, Colo.: Libraries Unlimited, Inc., 1982.

[3] 尼葛洛庞帝. 数字化生存 [M]. 胡泳，范海燕，译. 海口：海南出版社，1996.

[4] 汪冰. 电子图书馆理论与实践研究 [M]. 北京：北京图书馆出版社，1997：16.

[5] 杨宗英. 电子图书馆的现实模型 [J]. 中国图书馆学报，1996（2）：24-29.

[6] DOWLER L. The research university's dilemma: resource sharing and research in a transinstitutional environment[J]. Journal of library administration, 1995, 21(1/2): 5-26.

9.2 著者-出版年制

参考文献表采用著者-出版年制组织时，各篇文献首先按文种集中，可分为中文、日文、西文、俄文、其他文种5部分；然后按著者字顺和出版年排列。中文文献可以按著者汉语拼音字顺排列，也可以按著者的笔画笔顺排列。

示例：

尼葛洛庞帝，1996. 数字化生存 [M]. 胡泳，范海燕，译. 海口：海南出版社.

汪冰，1997. 电子图书馆理论与实践研究 [M]. 北京：北京图书馆出版社：16.

杨宗英，1996. 电子图书馆的现实模型 [J]. 中国图书馆学报（2）：24-29.

BAKER S K, JACKSON M E, 1995. The future of resource sharing[M]. New York: The Haworth Press.

CHERNIK B E, 1982. Introduction to library services for library technicians [M]. Littleton, Colo.: Libraries Unlimited, Inc.

DOWLER L, 1995. The research university's dilemma: resource sharing and research in a transinstitutional environment[J]. Journal of library administration, 21(1/2): 5-26.

10 参考文献标注法

正文中引用的文献的标注方法可以采用顺序编码制，也可以采用著者–出版年制。

10.1 顺序编码制

（1）按正文中引用文献出现的先后顺序连续编码，将序号置于方括号中。

示例：引用单篇文献，序号置于方括号中

……德国学者 N. 克罗斯研究了瑞士巴塞尔市侏罗山中老第三纪断裂对第三系褶皱的控制[235]；之后，他又描述了西里西亚第 3 条大型的近南北向构造带，并提出地槽是在不均一的块状的基底上发展的思想[236]。

…………

（2）用脚注的方式标注，序号可由计算机自动生成圈码。

示例：引用单篇文献，序号由计算机自动生成圈码

……所谓"移情"，就是"说话人将自己认同于……他用句子所描写的事件或状态中的一个参与者"①。《汉语大词典》和张相②都认为"可"是"痊愈"，侯精一认为是"减轻"③。

…………

（3）同一处引用多篇文献时，应将各篇文献的序号在方括号内全部列出，各序号间用"，"。如遇连续序号，起讫序号间用短横线连接。不过计算机自动编码的序号不能做这样的标注。

示例：引用多篇文献

裴伟[570, 83]提出……

莫拉德对稳定区的节理格式的研究[253-256]……

（4）多次引用同一著者的同一文献时，在正文中标注首次引用的文献序号，并在序号的“[ ]”外著录引文页码。

示例：多次引用同一著者的同一文献的序号

……改变社会规范也可能存在类似的“二阶囚徒困境”：尽管改变旧的规范对所有人都好，但个人理性选择使得没有人愿意率先违反旧的规范[1]。……事实上，古希腊对轴心时代思想真正的贡献……是来自对民主制度的批评，苏格拉底、柏拉图和亚里士多德 3 位圣贤都是民主制度的坚决反对者[2]260。……柏拉图在西方世界的影响力是如此之大以至于有学者评论说，一切后世的思想都是一系列为柏拉图思想所作的脚注[3]。……据《唐会要》记载当时拆毁的寺院有 4 600 余所，招提、兰若等佛教建筑 4 万余所，没收寺产，并勉强僧尼还俗达 260 500 人。佛教受到极大的打击[2]326–329。……陈登原先生的考证是非常精确的，他印证了《春秋说题辞》“黍者绪也，故其立字，禾人米为黍，为酒以扶老，为酒以序尊卑，禾为柔物，亦宜养老”，指出：“以上谓等威之辨，尊卑之序，由于饮食荣辱。”[4]

参考文献：

[1] SUNSTEIN C R. Social norms and social roles[J/OL]. Columbia law review, 1996, 96: 903 [2012-01-26]. http://www.heinonline.org/HOL/Page?handle=hein.journals/clr96&id=913&collection=journals&index=journals/clr.

[2] MORRI I. Why the west rules for now: the patterns of history, and what they reveal about the future[M]. New York: Farrar, Straus and Girous, 2010.

[3] 罗杰斯. 西方文明史：问题与源头 [M]. 潘惠霞，魏婧，杨艳，等译 . 大连：东北财经大学出版社，2011：15–16.

[4] 陈登原. 国史旧闻：第 1 卷 [M]. 北京：中华书局，2000：29.

（5）多次引用同一著者的同一文献时，如果用计算机自动编序号，应重复著录参考文献，但参考文献表中的著录项目可以简化为文献序号及引文页码。

示例 2：多次引用同一著者的同一文献的脚注序号

……改变社会规范也可能存在类似的“二阶囚徒困境”：尽管改变旧

的规范对所有人都好，但个人理性选择使得没有人愿意率先违反旧的规范[①]。……事实上，古希腊对轴心时代思想真正的贡献……是来自对民主制度的批评，苏格拉底、柏拉图和亚里士多德3位圣贤都是民主制度的坚决反对者[②]。……柏拉图在西方世界的影响力是如此之大以至于有学者评论说，一切后世的思想都是一系列为柏拉图思想所作的脚注[③]。……据《唐会要》记载当时拆毁的寺院有4 600余所，招提、兰若等佛教建筑4万余所，没收寺产，并勉强僧尼还俗达260 500人。佛教受到极大的打击[④]。……陈登原先生的考证是非常精确的，他印证了《春秋说题辞》"黍者绪也，故其立字，禾人米为黍，为酒以扶老，为酒以序尊卑，禾为柔物，亦宜养老"，指出："以上谓等威之辨，尊卑之序，由于饮食荣辱。"[⑤]

参考文献：

① SUNSTEIN C R. Social norms and social roles[J/OL]. Columbia law review, 1996, 96: 903 [2012-01-26]. http://www.heinonline.org/HOL/Page? handle=hein.journals/clr96&id=913&collection=journals&index=journals/clr.

② MORRI I. Why the west rules for now: the patterns of history, and what they reveal about the future[M]. New York: Farrar, Straus and Girous, 2010: 260.

③ 罗杰斯. 西方文明史：问题与源头[M]. 潘惠霞，魏婧，杨艳，等译. 大连：东北财经大学出版社，2011：15–16.

④ 同② 326–329.

⑤ 陈登原. 国史旧闻：第1卷[M]. 北京：中华书局，2000：29.

10.2 著者–出版年制

（1）各篇文献在正文中的标注格式为：（著者姓氏，出版年）。如果著者姓名为中文姓名（而非外文名或译名），则用著者完整姓名标注为：（著者姓名，出版年）。

示例：引用单篇文献

主编靠编辑思想指挥全局已是编辑界的共识（张忠智，1997），然而对编辑思想至今没有一个明确的界定，故不妨提出一个构架……

参考文献：

张忠智，1997．科技书刊的总编（主编）的角色要求［C］// 中国科学技术期刊编辑学会．中国科学技术期刊学会建会十周年学术研讨会论文汇编．北京：中国科学技术期刊编辑学会学术委员会：33–34．

（2）如果正文中已经先提到著者的姓名，在后面的“（ ）”中只要著录出版年。

示例：

张忠智（1997）指出，主编靠编辑思想指挥全局已是编辑界的共识……

（3）正文中引用多著者（超过两个著者一同署名）的文献时，对中国著者应标注第一著者的姓名，后面空一格，然后加“等”。如果是欧美著者，则标注第一个著者的姓，后面空一格，加“et al.”。

示例：

另一种观点是“天津方言的底层属于元明时期的大河北方言”（王临惠 等，2010）。

（4）如果在参考文献表要列出同一个著者的好几篇文章，要在出版年后用小写字母 a，b，c……区别。

示例：

王临惠，等，2010a．天津方言的源流关系刍议［J］．山西师范大学学报（社会科学版），37（4）：147．

王临惠，2010b．从几组声母的演变看天津方言形成的自然条件和历史条件［C］// 曹志耘．汉语方言的地理语言学研究：首届中国地理语言学国际学术研讨会论文集．北京：北京语言大学出版社。

（5）多次引用同一著者的同一文献，在正文中标注著者与出版年，并在“（ ）”外以角标的形式著录引文页码。

示例：

主编靠编辑思想指挥全局已是编辑界的共识（张忠智，1997），然而对编辑思想至今没有一个明确的界定，故不妨提出一个构架……参与讨论。由于“思想”的内涵是“客观存在反映在人的意识中经过思维活动而产生的结果”(中国社会科学院语言研究所词典编辑室，1996)[1194]，所以“编辑思想”的内涵就是编辑实践反映在编辑工作者的意识中，“经过思维活动而产生的结果”。……《中国青年》杂志创办人追求的高格调——理性的成熟与热点的凝聚（刘彻东，1998），表明其读者群的文化的品位的高层次……“方针”指“引导事业前进的方向和目标”（中国社会科学院语言研究所词典编辑室，1996）[235]。……对编辑方针，1981 年中国科协副主席裴丽生曾有过科学的论断——“自然科学学术期刊应坚持以马列主义、毛泽东思想为指导，贯彻为国民经济发展服务，理论与实践相结合，普及与提高相结合，‘百花齐放，百家争鸣’的方针。”（裴丽生，1981）它完整地回答了为谁服务，怎样服务，如何服务得更好的问题。

…………

参考文献：

刘彻东，1998. 中国的青年刊物：个性特色为本 [J]. 中国出版（5）：38–39.

裴丽生，1981. 在中国科协学术期刊编辑工作经验交流会上的讲话 [C]// 中国科学技术协会. 中国科协学术期刊编辑工作经验交流会资料选. 北京：中国科学技术协会学会工作部：2–10.

张忠智，1997. 科技书刊的总编（主编）的角色要求 [C]// 中国科学技术期刊编辑学会. 中国科学技术期刊学会建会十周年学术研讨会论文汇编 . 北京：中国科学技术期刊编辑学会学术委员会：33–34.

中国社会科学院语言研究所词典编辑室，1996. 现代汉语词典 [M]. 修订本 . 北京：商务印书馆.

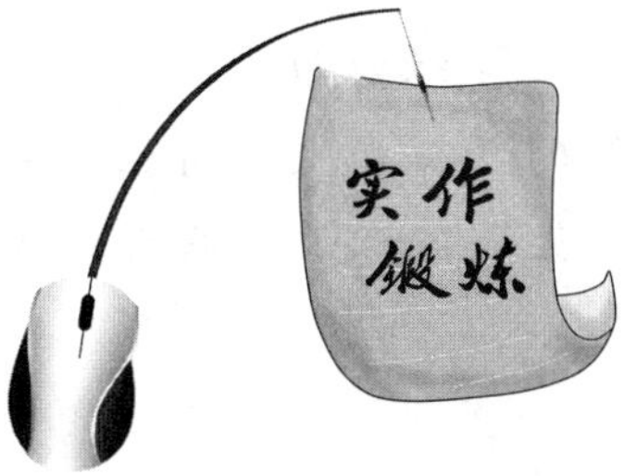

参考文献标注与列表格式练习

浏览附录 1《校园绿地夏季小气候效应分析》，回答下列问题：

1. 这篇论文使用哪种方式在正文标注参考文献？

2. 注意这篇论文的参考文献表，它与《信息与文献　参考文献著录规则》（GB/T 7714—2015）参考文献标注法所规定的格式有什么显著的不同？

3. 下面的文字节录自这篇论文的一些段落，用“……”省略了一些内容，请按照记录原文的正文标注，找到参考文献表中的相应文献：

> 城市化进程的加剧引发城市高层建筑、机动车辆、人为热源的激增以及城市用地性质的巨大改变，这些因素共同作用导致城市热岛效应……等诸多环境问题。其中，以城市热岛效应为代表的城市热环境恶化已成为影响城市生态环境的重要因素，并且严重制约城市人居环境的改善[1-2]。绿地作为城市结构中的自然生产力主体……是缓解城市热岛效应和改善城市热环境的有效途径[3-4]。……
>
> 北京大学校园……在明清两代是著名的皇家园林。绿地景观是校园内重要的造景因素，校园绿化覆盖面积为 8712hm^2，绿化覆盖率达 53.88%[5]。……

近年来，国内外学者……做了大量的研究，结果表明：绿地面积、覆盖率、林型、冠层结构等空间结构因子均会对其生态功能的发挥产生不同程度的影响[6-10]；特别是在绿化二维指标相近时，绿地对温、湿度调节能力的大小与其立体空间结构和植物平面布局关系密切[11-14]。

请将正文的文献标注改成计算机自动编序号（即圈码）的顺序编码制。在空格处按顺序从 1 填入序号，并在选文下方提供格式相应的参考文献表。

城市化进程的加剧引发城市高层建筑、机动车辆、人为热源的激增以及城市用地性质的巨大改变，这些因素共同作用导致城市热岛效应……等诸多环境问题。其中，以城市热岛效应为代表的城市热环境恶化已成为影响城市生态环境的重要因素，并且严重制约城市人居环境的改善________。绿地作为城市结构中的自然生产力主体……是缓解城市热岛效应和改善城市热环境的有效途径________。……

北京大学校园……在明清两代是著名的皇家园林。绿地景观是校园内重要的造景因素，校园绿化覆盖面积为 8712hm^2，绿化覆盖率达 53.88%________。……

近年来，国内外学者……做了大量的研究，结果表明：绿地面积、覆盖率、林型、冠层结构等空间结构因子均会对其生态功能的发挥产生不同程度的影响________；特别是在绿化二维指标相近时，绿地对温、湿度调节能力的大小与其立体空间结构和植物平面布局关系密切________。

参考文献表

4. 现在，将正文的参文献标注改成著者-出版年制。在空格处填入文献标注，并在选文下方提供格式相应的参考文献表。

城市化进程的加剧引发城市高层建筑、机动车辆、人为热源的激增以及城市用地性质的巨大改变，这些因素共同作用导致城市热岛效应……等诸多环境问题。其中，以城市热岛效应为代表的城市热环境恶化已成为影响城市生态环境的重要因素，并且严重制约城市人居环境的改善________________________。绿地作为城市结构中的自然生产力主体……是缓解城市热岛效应和改善城市热环境的有效途径________________________。……

北京大学校园……在明清两代是著名的皇家园林。绿地景观是校园内重要的造景因素，校园绿化覆盖面积为8712hm^2，绿化覆盖率达53.88%________________________。……

近年来，国内外学者……做了大量的研究，结果表明：绿地面积、覆盖率、林型、冠层结构等空间结构因子均会对其生态功能的发挥产生不同程度的影响________________________；特别是在绿化二维指标相近时，绿地对温、湿度调节能力的大小与其立体空间结构和植物平面布局关系密切________________________。

参考文献表

第十课
写初稿：论文结构鸟瞰与各部分撰写要点*

在这一课，我们以标准的科学及社会科学论文结构为例，了解典型的论文所具备的各部分，并且学习这些部分的写作要点。当然，因为研究的性质本身的差异，并不是所有的论文都会完全按照这里介绍的架构来呈现研究的过程及结果。不过，在学习论文写作的过程中，若能对典型结构有扎实的了解，会帮助我们在组织论文内容的时候更清楚有效地安排章节；熟悉各部分的写作要点，也能让我们在很多部分都知道如何下笔。

本课所介绍的论文结构包含以下几个部分：摘要和关键词、导言（导论）、文献回顾、研究方法、研究结果、讨论、结论。本课所介绍的写作要点除了介绍论文每个部分的功能和属性，还提供一些引导问题，论文写作者可以在回答完这些问题后，将答案组织成每个部分的初稿。

下面请先看“摘要和关键词”的介绍与撰写要点。

一、摘要和关键词

摘要看上去只是论文的迷你版，但其实有着很重要的功能：

（1）帮助读者快速掌握论文的重要内容，判断此论文是不是他们在寻找的参考材料，也可以决定是否需要把整篇论文通读一遍。

（2）让期刊或出版社编辑可以快速判断论文是否符合期刊或出版社所设

* 本课关于论文架构及撰写的内容主要参考：Wallwork, Adiran. 2011. English for writing research papers[M]. New York: Springer.

定的出版目标，以及是否能够进入审查程序。

（3）让信息管理者（如图书馆）知道如何将论文编入馆藏目录中。

为了达到以上目的，摘要其实很像广告，要能吸引人注意你的论文。所以好的摘要必须：

（1）吸引读者的好奇心，使他们想要读完整篇论文；

（2）使用的句子要简短，而且表达非常清晰。

摘要一般会包含以下几项内容，写作的时候不一定要按照下列的顺序。有时候适当地调换某些内容的顺序，给读者的观感会大不相同。所以在写摘要的时候，可以尝试用不同的顺序呈现内容，改变组织串联的方式，看看哪一种最理想。

（1）背景信息：与论文研究相关的文献背景。

（2）相关知识研究的空白：可以提一下学术界对主题的一些既定看法，然后提出挑战。可以列出一个个问题，目的是告诉读者本论文要从哪些方面来探讨这个主题。

（3）研究材料与方法：简单介绍论文使用了什么材料或数据，以及运用什么样的研究方法来得到研究结果。

（4）结论。

（5）研究的意义：告诉读者本论文的研究不只满足作者自己的研究兴趣，也能对学术或生活有实际的贡献。

若是你在写作这些内容的时候能将“吸引读者的好奇心”以及“清晰表达”作为目标，并回答以下几个问题，就能提供足够的信息和吸引力，让读者想阅读你的论文：

（1）我做这份研究的动机和原因是什么？为什么写这篇论文？

（2）我做了哪些研究？怎么做的？

（3）我得到了什么成果？这份新成果和之前的比较起来有什么不同？是否优于之前的成果？

（4）我这份研究会有什么后续的效应吗？得到什么启发？是否对某问题提供有用的建议？

请记住，摘要是读者对你论文的第一印象。要是你的摘要语句不通，语义不清，逻辑也有问题，读者就很可能会假设你的论文也是晦涩难懂，也就失去了阅读的兴趣。所以一定要保证论文的摘要结构简洁、思路清晰、内容充实又引人入胜。

摘要的后面需要列几个最能反映论文内容的关键词。列关键词的主要目的是方便读者搜索相关内容的文献。选用关键词的原则如下：

（1）明确掌握论文的主旨和论述目的，按主旨和研究主要方向限定关键词。

（2）思考读者在检索文献时可能会输入的关键词（在第四课中，我们已经学习了如何通过关键词检索你需要的文献。既然你也使用数据库查找各种论文，当然能从读者的角度来做判断），选定表达研究论文整体概念的关键词，方便读者查找到你的论文。

不过，摘要和关键词虽然位于正文之前，却一般写于正文完成之后。这是因为，在写作的过程中，可能会发生思路调整、结构变动、内容增删，定稿之后再写摘要，提炼关键词，可以避免做无用功；而且，摘要要求内容概括，语言精练，需要反复推敲文字，这一环节，宜于定稿之后再完成。

医闹：中国式医疗纠纷化解中的互动、博弈和异化

□郑　涛

（武汉大学 法学院，湖北 武汉 430072）

【内容摘要】随着医疗卫生事业的发展，我国医疗纠纷呈不断上升趋势，医闹事件日益引起重视并亟待解决。南平医闹事件的过程分析表明，从医疗事故的认定到医疗纠纷的化解，伴随着医闹者的问题化、借尸抗争、模糊化等行动策略以及医院、政府等其他参与主体的力量妥协和治理技术；流动性的纠纷化解过程蕴含着权力与资源的调动与配置。镶嵌在现有社会结构下的医疗维权行为，逐渐走向暴力和谋利的异化态势。因此，医闹治理必须从技术性治理向法治化治理路径转变，从而构建更加有效的医疗纠纷解决机制。

【关 键 词】医闹；纠纷化解；博弈；异化；法治治理。

图 1　摘要和关键词示例

接下来要介绍正文的各部分。请注意每一个部分并不代表一章或一个小节，有的环节（例如文献回顾）经常被安排在导言这一章 / 节。

二、导言（导论）

“导言”部分提供读者所需的背景知识，使他们能够明白本论文在相关的知识领域中有什么样的意义。写导言的一个关键技巧是要能将生硬的知识或者老生常谈的论点描述得生动、有趣、引人入胜。你可以说明自己是如何规划并开展这个主题的，引导读者进入你的论证思路。读者需要足够的背景知识来了解你这份研究的意义，认同你的研究动机。在介绍前人的研究时，你要决定哪些部分是读者最需要知道的。当然，要能这么做，前提是你对这个主题已经发表的研究有深入的认识。同时，也要考虑到阅读论文的读者大致是什么样的人群。

一篇论文的导言通常要回答以下几个问题。你可以将这些问题的答案组织成导言的初稿。

（1）我要解决的问题是什么？

（2）有没有什么重要概念是需要提出定义的？如果有，如何定义？

（3）在已发表的文献中是不是已经有人提出了解决方案？

（4）哪一个方案是最好的？

（5）这个最好的方案有没有缺陷（是不是有我可以填补的空白）？

（6）我希望能达成什么样的研究目标？

（7）在本研究中我是不是达到了所设定的目标？

请记住，提供给读者的背景知识一定要足以让他们了解为什么你要问这些问题，产生这些问题的背景是怎样的，为什么你的假设、预期或者研究的结果是合理的。这个部分要做到位，需要的话，还可以在导言的结尾对全文结构做一个鸟瞰，能帮助读者预先掌握论文主要内容的梗概。

三、文献回顾

“文献回顾”部分的意义在于向读者提供恰到好处的文献介绍，让读者了解相关研究的发展过程，并以此为背景凸显你论文研究的重要性。请注意：文献的介绍不可过多，也不可过少。过多，会使内容显得冗长，令人不耐；过少，则无法使读者借相关研究背景了解你所做的研究有何意义及价值。因此，在回顾文献时，应该要：

（1）系统地介绍相关的研究成果以及其他研究的缺陷或限制；

（2）将你新观察到的事实和取得的新数据关联到这些研究上。

文献的介绍要提供多少细节，每个研究领域的要求都不同。有些学科的要求是必须有一个非常强的理论框架来支持你的研究，所以得写两页以上；有的学科可能要求文献回顾写一段就够了。另外一个影响文献回顾篇幅与详细程度的因素是读者。如果你的论文所面向的读者对研究问题了解较少，你需要深入浅出地介绍得详细些。但如果设定的读者群是对你的研究领域已经掌握得很好的专业人士，就不应该把你所发现的新信息拖到太晚才写出来。

文献回顾一般来说要回答以下问题，而且是按照顺序回答。你可以使用这些问题的答案来组织文献回顾的初稿。

（1）我的这个研究主题有哪些重要的相关研究？

（2）这些主要的研究已经取得了什么进展？

（3）近期最相关的研究有哪些？我应该用什么样的顺序呈现这些研究？

（4）这些近期的研究取得了什么进展？有没有不周全之处？

（5）这些不周全之处反映了一个什么样的研究空白？

（6）我的研究打算如何填补这些空白？

前面已提到，文献回顾不是一定要自成一个章 / 节，可以是导言的一部分，也可以单独介绍。

四、研究方法

“研究方法”部分如果自成一个章 / 节，可能会有以下几种不同的标题：“研究方法”“研究方法与材料”“实验介绍”“研究方法介绍与论证”。在这里，我们统称为“研究方法”。在大部分的期刊论文中，“研究方法”这一章 / 节紧接在“文献回顾”之后，不过也有一些会安排在“导论”之后。你可以多参考已发表的期刊论文，了解这些部分的组织顺序。

研究方法这一章 / 节主要是介绍你在实验中所使用的材料以及你在研究中所使用的方法。这个部分如果写得好，应该能使同领域的其他人很容易理解你的方法，并且能够按照同样的方法操作，复制出同样的结果。写作要点是内容要完整仔细，文字要简练。如果你所使用的研究方法在其他已正式发表的论文中已详细介绍了，那么只要引用已发表的文献即可。

要将研究方法写得清晰明了，还有一个很有用的技巧，就是一个句子里面所介绍的步骤不要超过两个。这么做能让读者掌握起来容易得多。研究者一般都有同感，那就是研究方法这一章 / 节是整篇论文中最容易写的，因为你已经完成了研究，对研究方法了然于心，动起笔来所需的材料自然信手拈来。所以在给全文打初稿的时候，从研究方法开始，是个不错的选择。

五、研究结果

如果是学位论文，“研究结果”部分经常是独立的一章；但若是期刊论文，就不一定了。不是所有的期刊都会要求文章将研究结果单独放在一个章 / 节里介绍，通常它会和“讨论”放在一起，因此该节的标题就可以定为“结果与讨论”。如果你的论文中研究结果是独立的一节，在呈现结果时就不要提供任何的解释和讨论。

在呈现结果时，首先要决定哪一些结果是有代表性的，同时要让结果呈现的顺序依次回应你在论文开头所提出的目标、假设或问题。在许多学科中，研究结果的呈现要使用图表和表格；而在某些学科中，只需以文字呈现就可以了。如果你得到的研究结果不支持研究假设，也应该在这个部分中介绍出来。

这个部分的表述一定要简单清晰。你在研究中一定有丰富的收获，知道很多的细节，但是在介绍结果时一定要舍弃旁枝末节，把最关键的部分呈报出来即可。如果论文的审查人看不懂你的结果，便无法判断你研究的价值何在，非常可能予以退稿。所以，陈述研究结果一定要简单明了，只提供关键信息。

写“研究结果”这个部分时可以先回答下面几个问题：

（1）我发现了什么？

（2）我没有发现什么？

（3）有没有什么意料之外的发现（比如和我的假设是相冲突的）？

呈现研究结果有一种常用结构，即你用什么顺序介绍研究方法的步骤及手续，就用同样的顺序呈现结果。回答上面三个问题时，可使用图表与表格来组织信息，务求使人一目了然。

六、讨论

人们阅读论文的方式各有不同。在时间有限的情况下，读者可能会在看了标题之后直接阅读图表。不过有很多人会从自己最感兴趣的部分开始看，而这个部分通常就是“讨论”。

最让人感兴趣的部分往往也是最难写的，而且期刊审查人如果决定一篇文章必须退稿，有很多时候都是因为讨论部分写得太差。因此，讨论部分至关重要，需要一再推敲打磨，写到最好。

一份写得好的讨论要给人可靠性高且有说服力的印象。但是学术研究除了得到好的成果，也难免有不周全之处。在讨论到自己的不周全之处，你要展现积极的态度；在讨论其他人研究的不周全处，则要提出建设性且客观的意见。

因为讨论这个部分重要性高，在此详细列出这个部分应该回答的问题。这是一个相对简单的组织架构，建议按照问题的顺序依次回答，形成你的论文讨论部分的初稿。

（1）我所得到的数据是否能支持导言介绍的论证目标？

（2）把我的发现与其他人的发现进行比较之后，有什么样的结果？是否彼此都一致？

（3）针对我的发现，我个人的解释是什么？

（4）还有没有其他可能的解释？

（5）我的研究是否有不周之处或弱点？还有什么其他因素会对我的发现产生影响？如果有事物可能削弱或推翻本研究的有效性，我是否都报告出来了？

（6）在论文所提供的解释中，有没有哪一个会暴露出本研究实验可能的缺陷？

（7）针对所探究的问题，我的解释是否能够提供新的启发？有没有什么情况或实例会显示其他人的研究存在短缺或者长处？

（8）我的发现有没有什么外在的论证？我所发现的事实有没有可能延伸应用到其他领域？

（9）我的研究发现会有一些什么实际的意义和应用吗？对于这些实际应用我能提供什么样的支持？

（10）我的发现是否也启示出其他的研究问题？如果是，要从哪方面着手研究才能回答？我是准备自己进行这些研究，还是打算将细节公之于世，让所有人都可以探索？

无论你的论文属于哪一个学科领域，都必须能回答第（8）题以外的所有问题（第（8）题不是所有论文都能回答的，因为有的研究才刚得到初步的结果）。如果论文架构中有“结论”这个部分，将对第（8）~（10）题的回答放在结论是更合适的。

在“讨论”这个部分呈现信息的时候，可以按照“结果”呈现相关信息的顺序来做。如此一来读者在熟悉了“结果”的信息顺序后，就可以较容易地掌握“讨论”中所陈述的信息，并且方便在两个部分之间反复查验比较。

七、结论

“结论”并不难写，只是很多刚开始写论文的人都不知道怎么写，或者要写什么。结论这一部分一定要清楚、简洁，给读者（尤其是论文审查人）留下一个好的印象。如果这个部分的内容结构和语句的组织太凌乱，会带来负面的影响。

结论不只是将摘要以及导言的内容和语句重新组织一下就完事了，而是应该令人印象深刻，愿意反复思考。这个部分一般只有一两段长，通常可能涉及以下的几点：

（1）简述整个研究中最重要的发现，并指出这些发现如何能使相关领域的研究有所推进；

（2）从成果的影响力以及其他领域的应用等方面，对这些发现的意义与价值做一个最终的评估；

（3）提及你的研究所遇到的瓶颈（这一点也可能会在讨论部分呈现）；

（4）针对所提及的不周全或不足提出改善的建议；

（5）对未来工作方向的提议（可以是作者日后的研究方向，或者对整个研究领域的推进方向提出建议）；

（6）对相关政策方针提出建议。

结论与摘要及导言不同，因为读到结论时，读者应该已经读过论文的其他部分，掌握了作者所要传达的主旨。因此相对于摘要及导言，结论有以下几个特点：

（1）不会提供背景细节；

（2）更着重在研究结果与发现的介绍；

（3）会提及研究的不足之处（这点除了在“讨论”以及“结论”外一般是不会提到的）；

（4）会提及对未来相关研究的展望。

写初稿的要诀

凡事起头难，写论文也不例外，初稿是最难“生”出来的。但是，如果对初稿的本质有正确的认识，用对合适的方法，初稿完全可以不“难产”。以下是几个写初稿的要诀，若能切实执行，相信能避免把宝贵的时光浪费在挫折感上，顺利写出初稿。

（1）想法和资料尽量写入。第一次按照论文的框架为内容打草稿的时候，要尽量将你的想法以及已经收集到的资料组织成有意义的文段写入论文草稿中。

（2）不用斟酌语句和词语。不要停下来润饰你的语句，或者花很多时间寻找最恰当的词句。这个阶段的重点不是写出字字珠玑的完美语句，而是将所有信息快速地整合起来。

（3）心态摆对，与不完美共存。第一阶段完成的草稿离完美还很遥远，这才是正常的。你要容许这样的不完美暂时存在，尽情尽量地将已经收集到的文献信息和笔记要点无所遗漏地安放到论文中合适的部分里。

（4）提纲是你的地图。在撰写初稿的过程中，别忘了经常把提纲拿出来看看，回顾一下里头写了什么。如果写着写着你已经找不着北了，可以把已经完成的部分和提纲设计好的内容对照一下，就会知道应该怎么继续了。

提纲内容可以增减。当然，在写初稿的过程中，是可以修改提纲的。随着论文的内容渐渐具体，你可能对研究的问题有了更深入的理解，看见了更多的相关事实，萌发了更多有启发性的想法。这时候，重新组织提纲甚至改变研究方向就是有必要的了。当然，这么做有时工程浩大，许多人都不喜欢弄得这么麻烦。若不只是小幅增减提纲内容，而是要改变研究的方向，建议要充分了解相关研究与文献，慎重考虑。

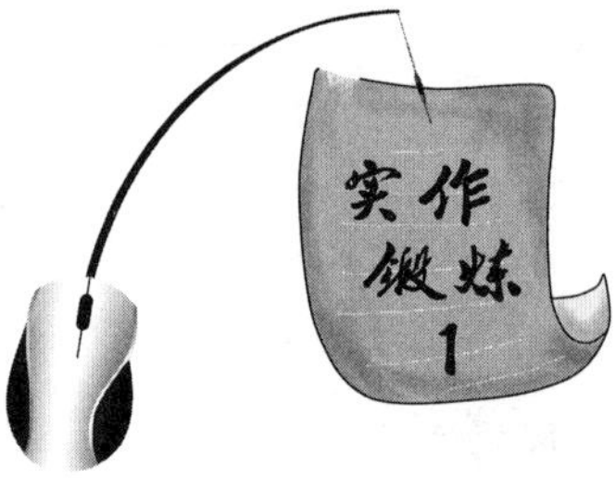

论文各部分撰写要点：提纲

现在按照本课所介绍的论文结构，为你的论文重新组织提纲。如果你的论文主题是理科或社会科学的研究，应尽量按照标准的论文架构来呈现你的研究与相关信息（也就是说，按照“导言、研究方法、结果、讨论、结论”的架构来做）。若是人文类的论文，则在论文结构上没有这么严格的限制，但“导言”以及“结论”的写法大致的原则是一样的。

以“珍珠奶茶，喝还是不喝？”这个主题为例，提纲就可以调整如下：

珍珠奶茶，喝还是不喝?

一、导言

（一）要解决的问题：到底该不该喝珍珠奶茶?

1. 方案一：不该喝。报纸杂志有许多负面报道。

（1）珍珠奶茶没有奶。

（2）“珍珠”对人体有害。

2. 方案二：可以喝。珍珠奶茶还是大受欢迎，负面报道影响有限，或许珍珠奶茶并非如报道的那么不好。

（1）在五道口我们可以看到Coco、贡茶等珍珠奶茶店的销售盛况。

（2）过去几年的数据显示卖珍珠奶茶的店在增加，说明卖珍珠奶茶能赚钱，因为喝的人有增无减。

（二）论文目标：探索珍珠奶茶配方与制作的性质，为上述彼此矛盾的争议找到一个较清楚合理的解决方案。

二、珍珠奶茶的原貌

从珍珠奶茶的正规制作来看，珍珠奶茶是能令人放心的，而且其魅力并不只来自饮用的口感好。

（一）珍珠奶茶有正规的制作法。

1. 使用的原料是茶、牛奶、糖、粉圆、水。

2. 制作的时候在泡茶、冲牛奶、煮粉圆的时间都有讲究。

（二）珍珠奶茶对许多人来说是很有魅力的。

1. 冰凉的奶茶使人暑气全消，加上一颗颗甜蜜有弹力的珍珠，使人满足。

2. 一杯珍珠奶茶在手，仿佛拥有了一小段美好的休闲时刻。

三、珍珠奶茶的变质

无良的商人与原料供货商使珍珠奶茶成了众矢之的。

…………

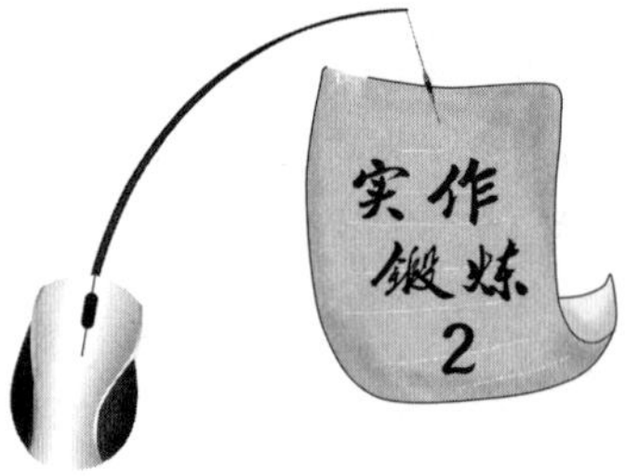

撰写初稿

根据“实作锻炼 1”修改后的提纲，现在可以为你的论文写初稿了。请务必记住第 123 页所提供的“写初稿的要诀”，快速地将已形成的论点以及收集好的信息组织好放进论文各部分。

第十一课
小节的标题

一、怎样分小节

如果一篇论文的篇幅很短（不超过 5 页），一般来说就不需要将论文分为不同的小节。但是如果论文篇幅较长，最好分成几个带标题的小节，是否需要编码则视情况而定；如果一篇论文分成了三个以上的小节，建议最好编码。

若是论文的篇幅相当长，或者是由好几个要点以及次要点组成，那么每一个小节可以再细化出几个次级的小节。

如何判断哪些小节标题应为第一级，哪些是次一级，以及哪些是再次一级呢？原则上是依照小节标题的主题论点对论文的重要性来区分，重要性最高的论点置于第一级，次高的在第二级，依此类推。原则上重要性相同的主题都置于同一级。比如说，如果一篇论文内包含好几项实验，那么实验 1 的“实验方法”这个小节就应该与实验 2 的“实验方法”这个小节是同级的，例如：

2.1 实验 1
2.1.1 实验方法
……
2.2 实验 2
2.2.1 实验方法

如果对小节进行分级，则各级小节都需要编码。不同的组织、学校或出版社对小节编码的格式要求都不相同，下面用西方文献中常见的小节编码格式，呈现《珍珠奶茶，喝还是不喝？》这篇论文中某一级小节标题及其次级标题的组织安排。首先来看原来的完整句子式提纲，是这样的：

提纲

一、报纸杂志经常说到珍珠奶茶对健康有害，但是实际从销售来看珍珠奶茶还是很受欢迎的

（一）报纸杂志有许多披露珍珠奶茶不健康的报道

1. 珍珠奶茶没有奶

2. “珍珠”对人体有害

（二）但实际观察，会发现珍珠奶茶还是受到人们的喜爱

1. 在五道口我们可以看到 Coco、贡茶等珍珠奶茶店家的销售盛况

（1）举例

（2）举例

2. 过去几年的数据显示卖珍珠奶茶的店在增加，说明卖珍珠奶茶能赚钱

（1）举例

（2）举例

为这一节的内容组织标题，就可以这么做：

小节组织

1. 媒体的劝导对消费者不起作用？

报纸杂志经常说到珍珠奶茶对健康有害，但是实际从销售来看珍珠奶茶还是很受欢迎的。

1.1 媒体：珍珠奶茶不利健康

报纸杂志有许多披露珍珠奶茶不健康的报道……

1.2 消费者：热衷享用珍珠奶茶

但实际观察，会发现珍珠奶茶还是受到人们的喜爱。

从这个例子我们可以看出提纲和小节标题组织的不同。提纲是为了帮助我

们组织并记录自己对论文的构思，可以记录得非常详细，甚至要引用的重要文献信息都可以记在提纲里，这么做的目的是为了使我们在撰写论文内容时有清晰的思路，不至于因为要处理的信息太多太复杂而有所遗漏。小节标题则可将论述方向一致的内容整合起来，突出重点，因此不是用来顾及细节的。读者可以从小节标题预先知道接下来几段的内容所讨论的主题；同时，通过浏览全文的小节标题，也可掌握作者论述的思路。

二、论文分节示范

下面，我们例如，从张萌的《跨文化传播视角下的美食类纪录——〈舌尖上的中国〉与〈发现中国：美食之旅〉》这篇文章，我们就可以通过其小节标题的安排，看到文章的架构：

论文主标题

论文副标题

跨文化传播视角下的美食类纪录

——《舌尖上的中国》与《发现中国：美食之旅》

一级标题

一　《舌尖上的中国》和《发现中国》的概况

《舌尖上的中国》是中央电视台“魅力纪录”栏目于 2012 年播出的一档美食类纪录片节目，主要内容为介绍中国的传统饮食文化。……

《发现中国》是英国 BBC 于 2012 年 8 月播出的有关中国美食的纪录片。……

二　《舌尖上的中国》和《发现中国》的对比分析

（一）艺术层面对比分析 ← 二级标题

1. 题材选择 ← 三级标题

无须赘述，美食类纪录片的题材当为美食，而两部纪录片恰巧选取的都是具有代表性的中国地方特色美食。……

说到具体的题材，两个纪录片却有着明显的不同。……

2. 叙事策略

（1）相同的故事化叙事 ◀—— 四级标题

纪录片强调的是纪实，但同时也要有观赏性。……

《发现中国》自不必说，作为注重个体主义的西方代表，BBC 拍的片子必然是个人故事化的。……

《舌尖》很有规律性，基本上是一个人物故事搭配一种美食。……

（2）不同的全知叙事和个人化叙事

除了故事化叙事这个共有的特点之外，两个纪录片在整体的叙述方式上还有很大差距的。……

3. 剪辑与节奏：紧凑拼接与一条线的差别

两个片子都采用了大量的特写镜头，表现食物的色泽诱惑，带给了受众视觉上的冲击。……

《发现》整个纪录片以游记的形式，以主持人的走访为线索，按事件发展的时间顺序进行剪辑，逻辑性比较强。……

（二）艺术层面对比分析

1. 文化功能

文化无处不在，“文化物质主义”的倡导者雷蒙德·威廉斯曾经提出，……

2. 个人与集体、政治与商业

心理学家哈里·特里安迪斯认为，文化差异最根本的层面就在于个人主义和集体主义的价值观。……

三　结论与启示

通过以上对《舌尖上的中国》和《发现中国》从跨文化传播视角的详细对比分析，我们发现……

要避免一个小节下只有一个次级标题。也就是说，如果要安排次级标题，至少要有两个。

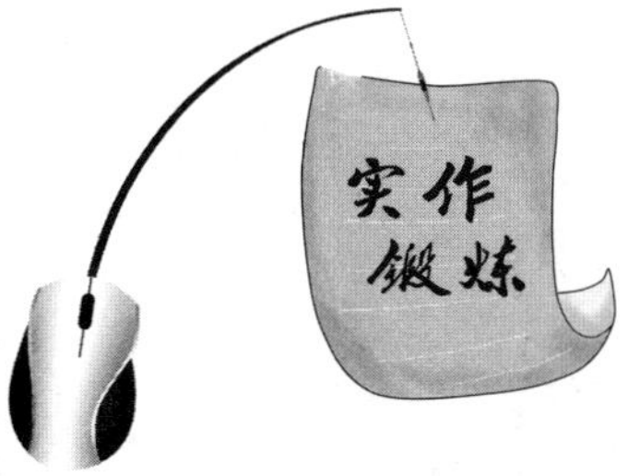

小节标题与论文格式

本练习需要在第十课“实作锻炼 2”作业的基础上完成（已发回）。

完成下列任务：

1. 新建 word 文档，保存为：“你的名字_第十一课练习_小节与格式”。
2. 在文档第一行居中输入“第十一课练习：小节与论文格式”，字体字号为小三号宋体加粗。
3. 在第二行居中输入你的论文题目，字体字号为小三号宋体加粗。
4. 在第三行居中输入你的姓名，字体为小四宋体。空一行。
5. 将你的论文分为几个主要部分，为这些部分安排小节标题。注意，标题不宜太长，如果标题里还有逗号，往往就是太长了。
6. 各级标题格式要求如下：
   （1）一级标题使用四号黑体字，居中。其他级标题均使用小四号宋体字，靠左对齐。
   （2）标题序号按照“一”（一级）、“（一）”（二级）、“1”（三级）、“第一”（四级）顺序排列。根据文章的叙述层次，不需要全使用时，可以适当减少。
   （3）“一”后面加“、”号，“（一）”后面不加任何标点，“1”后面加“.”号，“第一”后面加“，”号。
7. 将论文原稿内容（取自第十课“实作锻炼 2”）放入各级标题下。字号字体为小四宋体。每个段落只有第一行缩行。
8. 引用的文献从黑体换成常规字体。
9. 若有注释，使用宋体 5 号字。
10. 全文文献标注使用顺序编码制（方括号），参考文献表置于论文的最后。

最后交上来的格式应该是这样的：

第十一课练习：小节与论文格式

论文题目

姓名

一、一级标题

（一）二级标题

第一段内容在这儿，小四宋体。只有第一行缩行。引用文献内容不再是黑体，而是常规字体。适当的文献引用不但使我们规避剽窃的风险，更能展示我们对论文主题的丰富知识以及文献查找的能力。一篇好的论文应有编排严谨、格式整齐的参考文献表[1]。

1. 三级标题

第一，四级标题

参考文献：（黑体五号宋体，注意排序）

[1]（第一条文献，五号宋体）

第十二课
论文的修改*

虽然文学史上不乏妙手偶得、一气呵成的佳作，但是好文章绝大多数都是反复修改出来的，学术论文更是如此。因此，如果你辛苦写出来的论文初稿并不完全符合你的计划或期待，大可不必灰心丧气，只要预留充裕的时间做修改的工作，论文就会越来越接近你理想中的样子。

或许你对自己的论文初稿非常满意，你会想：我在列提纲时已经面面俱到，写作时每页每行都是字斟句酌，已经穷己所能做到尽善尽美了，还有什么需要修改的呢？其实，论文写作经验丰富的人都知道，文稿完成后，最好先放个几天，这叫作“冷处理”。几天后，再把论文细读一遍，很容易就能发现当初觉得流畅无误的部分，语句其实有些不通顺；本来觉得已经表达清楚的论点，逻辑其实是有问题的。在着手修改打磨文稿前，一定要带着批判审视的眼光，将文稿从头到尾细细阅读一遍。当然，若是能找到神队友阅读文稿并提出中肯的意见，帮助也很大。

在修改这个阶段，需要调整的可能是词语、句、段，也可能是整篇论文的架构。反反复复、来来回回多次修改、打磨是论文修改的常态。你会预期自己写初稿一步到位，丝毫不需修改吗？一般不会吧！修改论文也是这样，除了需要思考敏捷周全，也考验耐力。

论文修改的任务繁多，不过大致可以将之分为两类，依序执行：

---

* 本课内容主要参考：程爱民，祁寿华．英语学术论文写作纲要［M］．上海：上海外语教育出版社，2005.

一、宏观修改：内容与论文组织架构

宏观的修改牵涉到整篇论文的大方向以及整体结构。在做这方面的修改时，要关注以下几点：

1. 主旨

要点：论文文稿必须将主旨清楚地表达出来，并且有足够的论证支持该主旨。

实行：再读一遍摘要，确认是否清楚表达了论文的主旨。如果摘要还没写，现在就可以动笔，因为写摘要可以帮助你确认论文的主旨究竟为何。

2. 题目

要点：论文的题目必须能体现论文内容，若能吸引读者的注意则更佳。

实行：这时候你对论文内容的掌握已经很全面。如果你还没有拟定论文的标题，可以在这个阶段为论文起一个好标题。

3. 受众

要点：内容论点对读者来说应该是清晰合理的。

实行：从读者群的视角来阅读自己的论文。如果可能的话，找个合适的人阅读初稿并给出反馈，通常这样的反馈能帮助你知道论文是否撰写恰当，使人理解无碍。

4. 大论点和小论点

要点：大论点应从各方面支持论文的主题；每个大论点应有数个小论点支持。

实行：仔细审视并思考大论点与论文主题的关系，同时确认大论点下的各个小论点在支持论证的时候是合理的。你可以用提纲的形式把这些大大小小的论点顺序列出，这样文章的组织架构便一目了然，能帮助你更有效地思考。如果有什么新的想法或观点，可以添加并且调整各个论点的顺序。在修改的阶段添加或者删除论点是很正常的。

5. 组织架构

要点：文稿的结构应该清楚有序。

实行：检查每一节、每一个段落和主题的关联、小节和段落彼此之间的联系是否符合逻辑。特别关注小节与段落间的平衡，处理冗长和过短的部分。如果你在打草稿的时候，没有太关注这几点，那么在这个阶段要特别在这上面下功夫了。

6. 语气、风格与视角

要点：典型的学术写作要求写作风格要正式，语气和视角要客观。

实行：根据所设定的读者，以正式为指导原则调整写作风格。避免主观的语气，对事实的描述要客观。

7. 开头

要点：导言作为论文的开头，应该要既能吸引读者的注意，又有效地介绍论文的主题。

实行：尝试几种不同的开头手法（包括专业术语定义或者小故事开场）带进论文的主旨。如果有几篇你读过且认为特别吸引人的论文，可以观察并参考其导言的写法。

8. 结尾

要点：结论作为论文的结尾，应该是按照论文主题的逻辑发展过来，能与论文开头相呼应。

实行：结论可以重申论文主要论点、引用佳言美句，或者带出日后还能拓展研究的问题。

二、微观修改：细部打磨

微观修改就是修改细节。在练习写初稿的时候（见第十课关于“写初稿的要诀”部分），我特别提醒大家不要停下来斟酌语句和词语，而是要将论文的观点和信心快速整合起来。但到了微观修改这个阶段，就该是字斟句酌的时候了。以下是微观修改应该关注的几个方面：

1. 打磨语句

学术论文的语句应该表述简明、语法正确，但同时还应该做到句式和长短富于变化，让你的论文读起来更有味道。以下是打磨语句时应该关注的几个要点：

（1）主旨的表达。每看一段，都要问自己：这一段的主旨是什么？有没有一个句子明确地把主旨表达出来了？每段都必须有主旨句点出该段的重点。

（2）语法的正确。为了快速捕捉稍纵即逝的思想火花，写初稿的时候，词语的搭配是不是合适，句子的成分有没有残缺，等等，这些语法问题往往是无暇顾及的，肯定会埋下很多语法地雷。但是，对于一篇合格的论文来说，没有语言错误，这是最起码的要求，应该一句一句地检查，把这些地雷尽可能地排掉。

（3）表述的简明。有没有冗余的词？或者重复了好几次，令人感觉太啰唆的句子？将冗余的词删除，多次重复的句子改以其他句式呈现，或者省略。

（4）句子的长度。句子是否都写得太长了？如果一个段落里全都是长句，就要想办法把这些句子切开，改写成较为简短但彼此连贯的语句。但是，如果都用短句，又显得缺乏学术语言应有的思辨绵密，所以，应该追求长短有变。

（5）句子的衔接。句子和句子之间是否看起来彼此无关？必须注意句子的衔接情况，使用适当的连接成分将句子和句子流畅地衔接起来。

（6）句式的变化。写初稿的时候，人们可能无意识地总是使用自己最习惯的表达句式，但是，如果这种句式在论文中反复出现，就会显得句式单调，甚至呆板。打磨阶段，就可以适当地有些变化，以增强论文的可读性。

（7）避免陈腔滥调。一些华丽但空洞的陈腔滥调（尤其是全文或每一段的开头）会使有经验的读者（例如论文审查人）发生审美疲劳。建议重点观察别人的论文如何开启全文或段落，如果发现特别清新、能吸引人的写法，就收集起来，留待以后在修改论文时考虑使用。当然，这是平时就必须多读论文才能慢慢练就的功夫。

2. 选择词语

写初稿的时候，因为要快速写出想法，选用的词语意思差不多就可以了，在词义上太纠结容易造成写作进度停滞。但到了微观修改这个阶段，就需要在选词上多加琢磨了，尤其是表达论文主旨和重要论点的关键词语，更应该用得精准到位。以下是修改词语时应该关注的几个要点：

（1）学术写作用语要正式。如果你的论文中有些词语不够正式，甚至有些口语化或俚俗，最好使用适当的正式用语来替代。当然，这并不意味着论文从头到尾都得使用高大上的词语。一篇论文如果充斥着高端词汇（包括学术性的专用术语），容易流于华而不实。专业术语当然要用的，但必须使用恰当，重点是词语的选用要能体现正式的写作风格。

（2）选词的依据是主题、目的和读者。到这个阶段，词义必须完全精准到位。所选的词语不但要符合论文主题、写作目的，还要考虑读者的感受。例如，你应该说一项任务很“刁难人”“困难”还是“具有挑战性”？你要形容一个人“瘦”“骨瘦如柴”还是“精瘦”？这些用词的选择都在向读者显示论述的走向以及作者的态度和观点。

（3）格外谨慎地使用俗语成语。成语俗语的用法有时并不容易掌握，光了解意思还不够，还要多看看成语及俗语出现的语言环境，尤其是经常带有这些成语俗语的句式。

（4）尽量避免使用一些意思模糊和模棱两可的词汇或语句。如果在修改过程中发现混淆论点的用词或表述，可以考虑将之移除或用其他没有这些问题的表达方式代替。

（5）专业术语的使用。专业术语是论文不可或缺的一部分，但不要先入为主地认为所有的读者都知道这些术语的定义。很多你已经很熟悉的术语对读者来说可能是陌生的，而且不知道术语的意思会影响他们的阅读理解。同样地，你可以观察已发表的论文，看看不同的作者各自用什么方式带入专业术语的定义，把你觉得适当甚至巧妙的例子收集起来，以后就能用在自己的论文里。

3. 检查参考文献引用与标注

参考文献引用与标注应该在微观修改这个阶段再三地确认检查。特别要注意引用的方式（详见第七课“引用的方式”），以免在有意或无意间发生了剽窃的情形。为了避免剽窃，要注意以下几点：

（1）要确认在文章中引用的文献都有清楚的标示。无论是直接引用、间接引用（已经过适当的改述），还是好几篇文献综合改述的内容，都必须标注引用来源。

（2）如果你的论文中用了一些别人的统计数据、图表、表格等等，就要标注信息的来源。除非你所提及的信息属于常识或者世人皆知的事实。比如，在说到某公司的员工一共有 372 人，在列出这样确切的数字时，必须明确指出消息来源；但若说到中国约有 14 亿人口时，则不需要引用信息来源。

（3）检查参考文献标注。确认正文中的每一个参考文献标注都能在最后的参考文献表中找到匹配的文献，每篇文献的信息都完整无缺，而且符合学校毕业论文或期刊对文献标注格式的要求。

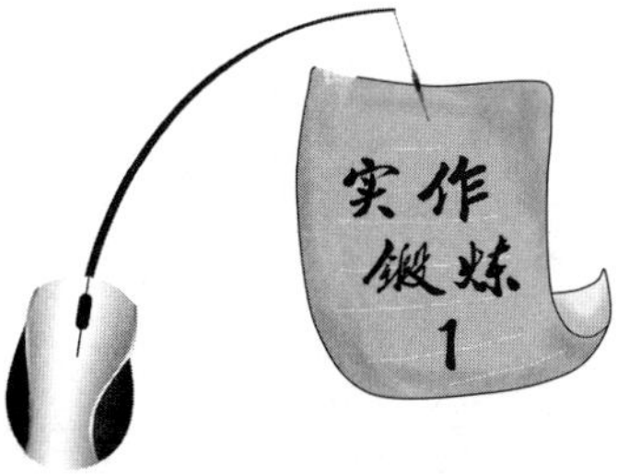

宏观修改与微观修改

按本课所列各要点，对自己的论文习作进行宏观修改和微观修改：

在电脑上修改时，请打开“追踪修订”功能（菜单→审阅→修订，按下“修订”键，开启追踪修订功能），并且将“简单标记”模式改为“所有标记”模式。这样你就能记录自己修改论文的过程。

修改完成后，提交带有追踪修订记录的论文修改稿。文档标题为：

姓名_论文名称_修改稿_日期

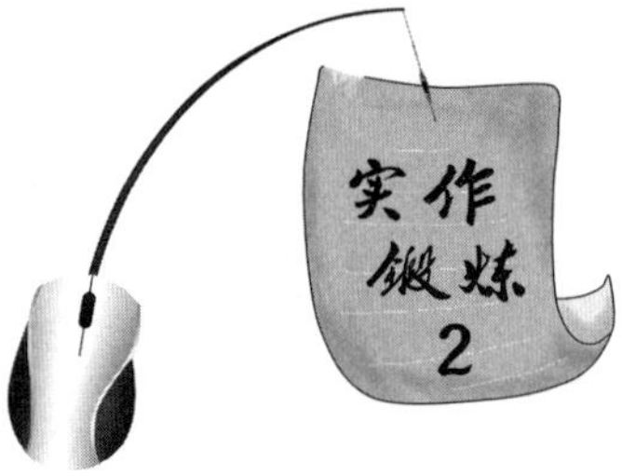

论文修改审查表（1）：宏观修改

两位论文作者向对方提交自己的论文，然后按照本练习指示，审查对方论文的修改情况：

受审查之论文标题：________________________

受审查之论文作者：________________________

审查人签名：______________　　作者签名：______________

请为这份论文审查以下项目，并且在适当的空格中打钩（☑）及填入信息。

1. 论文的主旨：

（1）论文文稿有没有清楚地表达主旨？　是□　否□

请用一句话写出论文的主旨：________________________

（2）论文的主旨是否有充分的论证？　是□　否□

请简述原因：________________________

2. 题目：

（1）论文的题目（标题）是否体现论文内容？　是□　否□

（2）此题目（标题）是否能吸引读者阅读论文？　是□　否□

请简述原因：________________________

3. 论点的安排：

（1）对读者来说，内容论点是否清晰合理？　是□　否□

请列出内容的主要大点：____________________

请提供改进的建议：____________________

（2）每个大论点是否有小论点支持？　是□　　否□

请提供改进建议：____________________

4. 组织架构：

（1）有没有什么小节内容与主题关联较弱或不合逻辑？　是□　　否□

如果有，请说明：____________________

（2）有没有哪一段内容与主题关联较弱或不合逻辑？　是□　　否□

如果有，请说明：____________________

（3）有没有特别冗长或过短的部分？　是□　　否□

如果有，请说明：____________________

5. 语气、风格与视角：

（1）写作风格是否正式？　是□　　否□

请提供改进建议：____________________

（2）语气和视角是否客观？　是□　　否□

请提供改进建议：____________________

6. 开头：

（1）导言是否有效地介绍了论文的主题？　是□　　否□

请提供改进建议或评语：____________________

（2）导言的写法能否引起读者注意？　是□　　否□

请提供改进建议或评语：____________________

7. 结尾：

结论是否与论文开头相呼应？　是□　　否□

请提供改进建议或评语：____________________

8. 有没有什么值得你学习与借鉴之处？　是□　　否□

如果有，请说明是哪一部分并稍加评赏：____________________

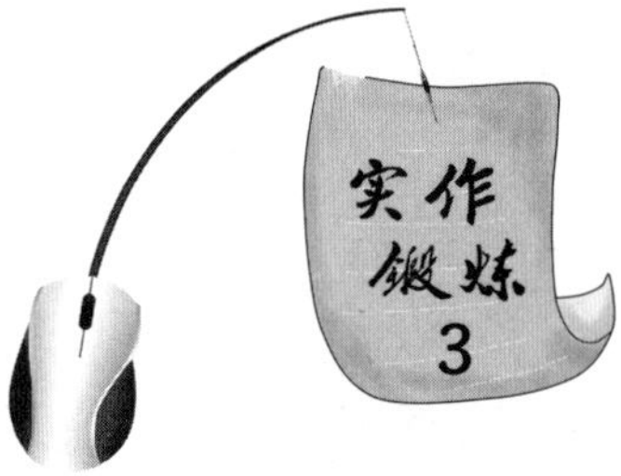

论文修改审查表（2）：微观修改

两位论文作者向对方提交自己的论文，然后按照本练习指示，审查对方论文的修改情况：

受审查之论文标题：______________________________

受审查之论文作者：______________________________

审查人签名：________________　　作者签名：________________

请为这份论文审查以下项目，并且在适当的空格中打钩（☑）及填入信息。

1. 表达重要概念的关键词是否精准？　是□　否□
   请提供改进建议：______________________________

2. 是否发现冗余用词或过度重复的语句？　是□　否□
   如果有，请说明并提供建议：______________________________

3. 长句是否过多？　是□　否□
   如果有，请说明并提供建议：______________________________

4. 有没有衔接不大流畅的部分？　是□　否□
   如果有，请说明并提供建议：______________________________

5. 专业术语的使用是否恰当？ 是□ 否□

请提供改进建议：______________________________

6. 是否存在表达模棱两可的语句或词汇？ 是□ 否□

如果有，请说明并提供建议：______________________________

7. 是否有过于陈腔滥调的部分？ 是□ 否□

如果有，请说明并提供建议：______________________________

8. 有没有什么值得你学习与借鉴之处？ 是□ 否□

如果有，请说明是哪一部分并稍加评赏：______________________________

附录 1

北京大学学报(自然科学版), 第 50 卷, 第 5 期, 2014 年 9 月
Acta Scientiarum Naturalium Universitatis Pekinensis, Vol. 50, No. 5 (Sept. 2014)
doi: 10.13209/j.0479-8023.2014.085

校园绿地夏季小气候效应分析

冯悦怡[1] 李恩敬[2] 张力小[1,†]

1.环境模拟与污染控制国家重点联合实验室,北京师范大学环境学院, 北京 100875;
2.北京大学环境保护办公室, 北京 100871; †通信作者, Email: zhanglixiao@bnu.edu.cn

摘要 为评估不同绿地类型对校园小气候的改善作用, 尤其是对人体舒适度的影响, 选取北京大学校园内有代表性的 4 处校园绿地(半天然乔-灌-草、人工乔-灌-草、人工乔-草、人工草坪), 在 2012 年夏季 7—8 月对其内部温湿度进行连续 32 天的 24 小时同步监测。结果表明: 夏季高温季节, 各类型校园绿地相对于无绿化地面均表现出显著的降温增湿效应, 尤其是北京大学校园内的半天然林发挥着重要的生态调节功能; 在约 1 个月的观测期内, 各类绿地对人体舒适性均有一定的改善, 改善程度上呈半天然乔-灌-草>人工乔-草>人工乔-灌-草>人工草坪的趋势, 但效果并不如降温增湿效应明显; 从一天的不同时段来看, 早晚时段人工草坪的舒适度改善作用较为明显, 高温时段不显著。总体来讲, 北京大学校园内部分绿地夏季对舒适度的改善作用未根据其不同的功能需求得到充分发挥, 在未来校园绿地建设中应得到进一步关注。

关键词 校园绿地; 温度; 相对湿度; 舒适度

中图分类号 P404

Microclimate Effects of Campus Green Space in Summer

FENG Yueyi[1], LI Enjing[2], ZHANG Lixiao[1,†]

1. State Key Joint Laboratory of Environmental Simulation and Pollution Control, School of Environment, Beijing Normal University, Beijing 100875; 2. Office of Environmental Protection, Peking University, Beijing 100871;
† Corresponding author, E-mail: zhanglixiao@bnu.edu.cn

Abstract Four representative types of green space including tree-shrub-herbage semi-natural mixture, tree-shrub-herbage artificial mixture, tree-herbage artificial mixture, and artificial lawn were selected in the campus of Peking University to study the improvement effects of green space on campus microclimate, especially on the human comfort. The air temperature and relative humidity were measured every one hour from 0:00 to 24:00 every day for continuously 32 days during July and August in 2012. The results indicate that all types of green space show significant cooling and humidification effects compared with the concrete floor in hot summer. Among these, the semi-natural forests perform a very important ecological regulatory function. During the observation period, all types of green space improve the human comfort degree to a certain extent, which are ranked in an order of tree-shrub-herbage semi-natural mixture > tree-herbage artificial mixture > tree-shrub-herbage artificial mixture > artificial lawn, but the improvement effect is not as obvious as their cooling and humidification effects. From the perspective of the different times of a day, the comfort improvement of the green space is more obvious early in the morning and late in the evening than that at any other time of a day. As a whole, some parts of the green space in the campus of Peking University don't give full play to the improvement effects of the campus comfort according to the various functional requirements in summer, which deserves further attention in the campus green space construction.

Key words campus green space; temperature; relative humidity; comfort index

---

国家科技支撑计划(216029)资助
收稿日期: 2013–05–06; 修回日期: 2013–06–17; 网络出版日期: 2014–06–12

1 城市化进程的加剧引发城市高层建筑、机动车辆、人为热源的激增以及城市用地性质的巨大改变，这些因素共同作用导致城市热岛效应、大气污染和生态失衡等诸多环境问题。其中，以城市热岛效应为代表的城市热环境恶化已成为影响城市生态环境的重要因素，并且严重制约城市人居环境的改善[1-2]。绿地作为城市结构中的自然生产力主体，具有明显的改善空气质量、降温增湿、调节局地小气候等多种生态功能，是缓解城市热岛效应和改善城市热环境的有效途径[3-4]。大学校园绿地既是城市绿地景观的重要组成部分，又是独立于城市绿地的封闭系统，在校园生态系统中发挥着重要的生态调节和服务功能。

2 北京大学校园位于北京西北部海淀区北侧，西山山麓前沿，在明清两代是著名的皇家园林。绿地景观是校园内重要的造景因素，校园绿化覆盖面积为 8712 hm^2，绿化覆盖率达 53.88%[5]。实现校园绿地生态效益和服务功能的最大化，使其更有效地改善校园小气候，提高校园环境的舒适性，具有重要意义。

3 近年来，国内外学者对不同类型绿地和绿化植物的生态效益做了大量的研究，结果表明：绿地面积、覆盖率、林型、冠层结构等空间结构因子均会对其生态功能的发挥产生不同程度的影响[6-10]；特别是在绿化二维指标相近时，绿地对温、湿度调节能力的大小与其立体空间结构和植物平面布局关系密切[11-14]。然而，以往研究更多侧重于绿地自身降温增湿效应的评价，没有落实到作为绿地服务主体“人”的切身感受上。因此，本文以北京大学校园内几处较具代表性的绿地为例，将人体舒适度作为主要评价指标，定量评估夏季不同绿地对校园小气候的改善作用，为建设更舒适的校园环境提供一定的参考。

1 试验地与研究方法

1.1 样地选择

4 根据研究目标，在北京大学校园内选取 4 个人群活动较多，并具有较好绿化代表性的区域进行空气温湿度监测，其中 3 处分别是：位于未名湖附近的人工乔–灌–草绿地(P1)、南阁西侧的人工乔–草绿地(P3)以及静园人工草坪(P4)。此外，在办公楼东侧、未名湖南岸的起伏山丘上，经过近 80 年的人工改造和自然演替，形成成片的半天然林[15]，在校园绿地中具有一定的特殊性，从中选取一块样地进行研究，即半天然乔–灌–草绿地(P2)。在远离绿地区域的逸夫二学楼天井内的水泥地面另设一个对照观测点(PR)。样地植物构成大致相同，彼此之间距离较远，不存在交互影响。样地位置见图1，样地特征见表 1。

1.2 试验内容与方法

5 观测时间选择在绿地对生态改善作用最明显的夏季进行。于 2012 年 7 月 4 日至 8 月 4 日对选定样点的温、湿度进行连续 32 天的 24 小时观测，观测间隔时间为 1 小时。测量仪器采用 Onset 计算机公司生产的 HOBO® Pro 温、湿度数据采集器(温度测试精度为±0.05℃，相对湿度测试精度为±3%)，仪器设置在距地面 1.5 m 处(人体对温、湿度最敏感的感知高度)，并用防辐射罩进行遮挡，以避免仪器被阳光直射而产生误差。使用 Microsoft Excel 和 SPSS 分析软件对数据进行处理。

1.3 人体舒适度研究方法

6 影响人对热环境感受的因素很多，除了生理因素，还包括温度、湿度、风、太阳辐射、气压等气象因素，其中温度和相对湿度是影响人体热舒适感和维持人体热平衡的重要因子。综合考虑温度和湿度对人体舒适度的影响早有研究，前人提出许多基于这两个因子的人体舒适度指标，其中应用最多的是 Thom[16]提出的不适指数(discomfort index, DI)，即后来美国国家气象局用于夏季舒适度及工作时数预报的温湿指数(thermal humidity index, THI)。这一指标实际上是用人类生物气象学的方法评价夏季环境的舒适度，在气候环境评估方面得到广泛的应用[17-19]。公式表示为

7 $$\mathrm{THI} = T - 0.55(1 - \mathrm{RH})(T - 14.5), \quad (1)$$

式中 THI 为温湿指数，T 为空气温度(℃)，RH 为相对湿度(%)。THI 与人体舒适度的划分标准见表 2。

2 结果与分析

2.1 不同结构绿地降温增湿效果分析

2.1.1 总体降温增湿效应

8 将 7 月 4 日至 8 月 4 日这 32 天各类型绿地日平均温、湿度与水泥地面对照点进行比较分析，可以得到：在夏季高温季节，不论是晴朗、多云还是雨天等各种天气状况下，各类型校园绿地相对于无绿化地面，均有不同程度降低空气温度、增加湿度的作用。图 2 和 3 分别显示各绿地与逸夫二楼天

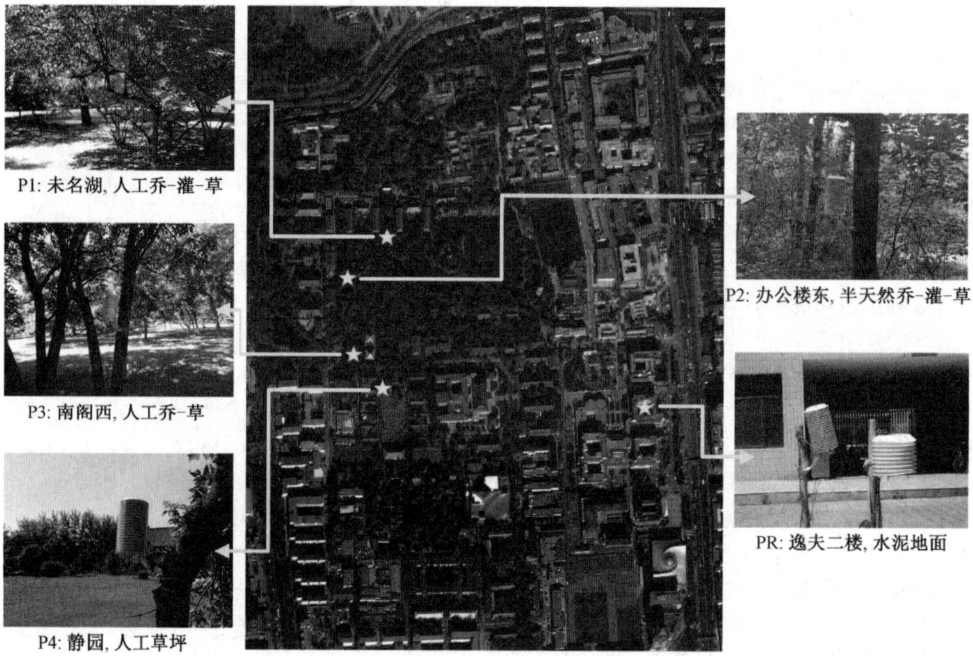

图 1 北京大学校园内观测点位置

Fig. 1 Location of the observation sites in the campus of Peking University

表 1 供试绿地的基本信息

Table 1 Basic information of the sample plots

样地编号	绿地类型	植物组成	郁闭度/%	类型特点
P1	人工乔-灌-草	国槐、碧桃、金银木、榆叶梅、棣棠、细叶麦冬	80	郁闭度适中, 靠近水体
P2	半天然乔-灌-草	油松、刺槐、构树、元宝枫、黄刺玫、金银木、茜草、细叶麦冬	95	半天然林, 植物种植密度较大, 多层乔木, 中下层植物密集
P3	人工乔-草	油松、国槐、元宝枫、细叶麦冬	65	郁闭度较小, 视线通透
P4	人工草坪	早熟禾、野牛草	0	大面积草坪, 边缘区域有少量乔灌木

表 2 夏季 THI 与舒适度的关系[20]

Table 2 Relationship between THI index and comfort degree in Summer[20]

舒适度等级	温湿指数	舒适度	评价
一	≥29.5	酷热	无降温措施难以工作
二	26.7~29.4	很热	很不舒服
三	23.9~26.6	热	不舒服
四	21.1~23.8	较热	较不舒服
五	<21.1	凉爽	舒服

井内水泥地面相比, 降温增湿的范围, 均呈现出 P2>P1>P3>P4 的趋势。其中, 半天然乔-灌-草绿地(P2)的降温增湿幅度最大, 平均温度较水泥地面低 1.96℃, 湿度增加 12.34%; 其次为未名湖附近的人工乔-灌-草绿地(P1); 静园草坪(P4)的降温增湿幅度最小, 平均温度比水泥地面低 1.14℃, 湿度增加 7.46%。植物通过叶片的蒸腾作用及枝叶的遮阴作用产生降温增湿效应, 因此三维绿量较大、郁闭度较高的乔-灌-草及乔木结构绿地降温增湿效应更明显。

9 北京大学校园的绿地景观经过近 80 年的人工改造和自然演替, 已经形成成片的半天然林, 如未名湖南岸起伏山丘上的森林植被群落。研究表明, "近自然"植被群落由于其较高的植被覆盖、丰富的群落层次和物种多样性, 因而群落内部的稳定性更高, 绿地自我调节能力更强, 更有利于发挥其生态功能[21-22]。本研究结果显示, 发挥降温增湿效应最

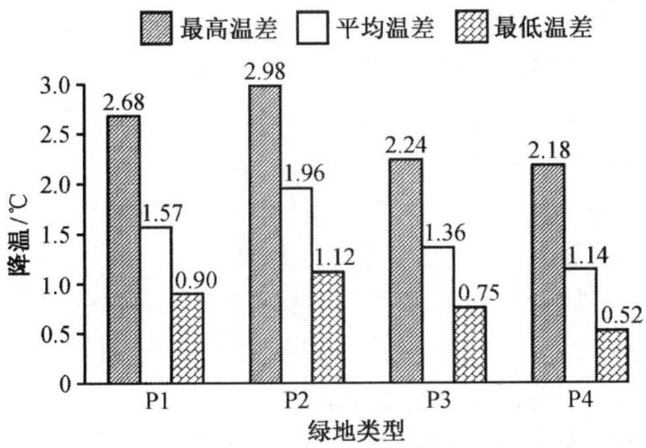

图 2　不同绿地类型降温效果比较

Fig. 2　Comparisons of cooling effect among different types of green space

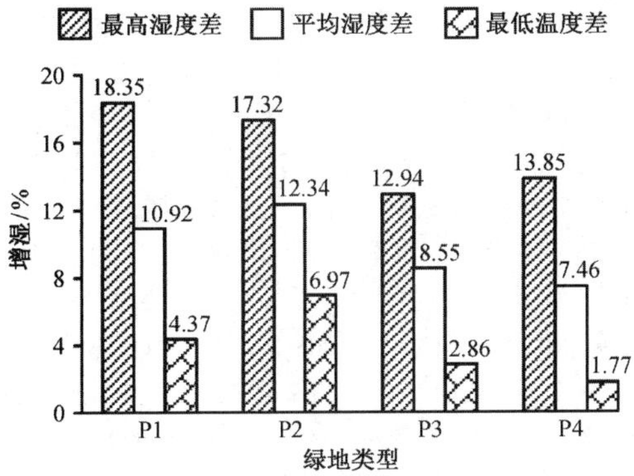

图 3　不同绿地类型增湿效果比较

Fig. 3　Comparisons of humidification effect among different types of green space

好的绿地结构是办公楼东侧的半天然乔-灌-草绿地，由于其拥有最接近自然演替结果的植被结构而表现出更为显著的温湿效应，在北京大学校园生态系统中起重要的生态调节作用。

2.1.2　温湿度日变化比较

10　选择温度较高并且连续 3 天都处于晴朗无风或微风天气的 7 月 15, 16, 17, 29 日和 8 月 4 日这 5 天进行绿地温湿度日变化比较。将 5 天内同一时段相同样点的温度和相对湿度进行平均，并截取人群活动较多的 8 个时间段进行比较分析。

11　在这 8 个时间段中，除 8:00 和 10:00 静园草坪(P4)的温度高于水泥地面外，各绿地相对于水泥地均起到一定的降温效应(图 4)。一天中，以 14:00 的温度差别最大，此时水泥地面达到 33.90℃的日最高温，比半天然乔-灌-草绿地高 2.65℃，比静园草坪高 1.03℃。也就是说，在一天中温度最高、空气

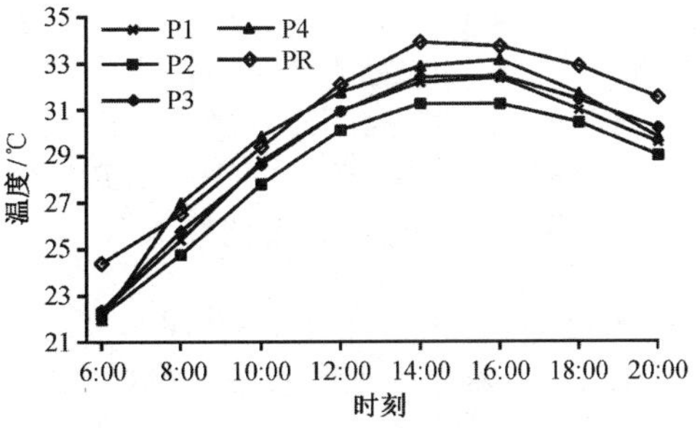

图 4　各样点温度日变化

Fig. 4　Temperature diurnal variations of the sample plots

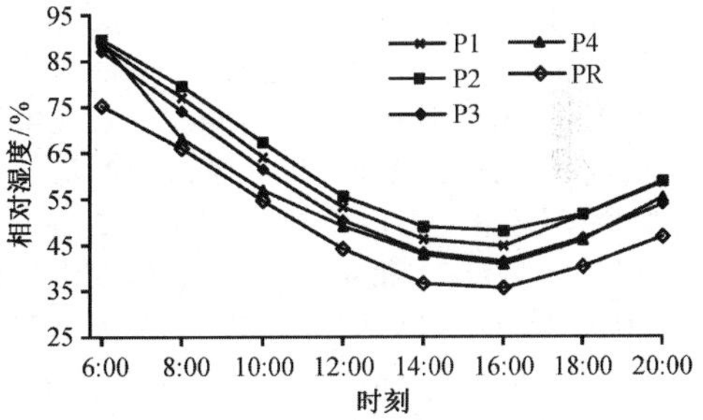

图 5　各样点相对湿度日变化

Fig. 5　Relative humidity diurnal variations of the sample plots

相对湿度最小的时段，绿地由于蒸腾遮阴作用而产生的降温效应最明显。比较各绿地类型可以发现，静园草坪(P4)温度的日变化幅度最大，甚至在 8:00 和 10:00 超过水泥地面的温度，主要原因是草坪上空空旷，无树木遮挡，对外界环境变化的缓解能力较小。夜间良好的空气对流和日间强烈的太阳辐射使其散热及升温速率都相对更快，与此同时，逸夫二楼天井内由周边高大密集建筑物环绕所导致的太阳辐射遮蔽作用使其在 10:00 前温度相对较低。对于乔木层郁闭度较高、三维绿量最大的半天然乔-灌-草绿地(P2)，内环境相对稳定，表现出对日间高温较强的缓解能力。人工乔-草绿地(P3)以及人工乔-灌-草绿地(P1)各时段温度相差不大。

12　晴朗天气下各样点的相对湿度日变化与温度变化趋势相反。在一天的 8 个时段中，各绿地湿度均高于水泥地面，增湿效果明显(图 5)。与降温效果不同的是，人工乔-灌-草绿地(P1)的增湿效应各时段均强于人工乔-草绿地(P3)，受未名湖湖水的影响较大。静园草坪(P4)的相对湿度低于人工乔-草绿地

(P3)，但在 14:00 之后两者逐渐趋于接近，甚至在 20:00 草坪表现出更好的增湿效应，其原因可能是草坪对土壤的覆盖率较大，加之有一定的腐殖层，因而更有利于水分的保持，并在夜晚蒸散出来。

2.2 不同结构绿地舒适度比较

2.2.1 舒适度总体分布

13 根据式(1)，对各样地日均温湿指数进行比较分析。图 6 给出绿地与水泥地面在观测期内舒适度等级的分布情况。在炎热的夏季，THI 值越低，人体感觉越舒适(表 1)。从图 6 可以看出，7 月 4 日至 8 月 4 日这 32 天中，水泥地面有 2 天舒适度处于二级(很不舒服)，27 天处于三级(不舒服)，也就是说，观测期内 91%的时间水泥地面都让人有强烈的不适感。相比而言，4 种类型绿地均对不适感有不同程度的缓解作用。半天然乔-灌-草绿地对人体舒适性的改善作用最为突出，其中有 10 天的舒适性得到改善，不适感天数下降至 72%。其余 3 种类型绿地均有 7 天的舒适性得到改善。从日均温湿指数来看，水泥地面(25.11)>人工草坪(24.62)>人工乔-灌-草(24.53)>人工乔-草(24.52)>半天然乔-灌-草(24.30)。以乔木结构为主的绿地景观表现出更好的舒适性，且舒适度随着郁闭度的增加而增大。因此，在营造植物群落时，增加乔木郁闭度是增加人体舒适感的最佳方法。张碧辉等[23]通过模拟北京大学校园气象场，得到水体和绿地对温湿度及人体舒适性有较明显的改善作用，与本文结论一致。

14 值得注意的是，各绿地总体舒适性的改善程度并不如降温增湿效应明显，甚至人工乔-草绿地的舒适性要略好于人工乔-灌-草绿地，这与降温增湿效应相反。由此说明，虽然绿地的降温增湿效应一定程度上提高了人体的舒适性，但并非降温增湿效应越强，绿地的舒适性就越高。很多研究表明，当气温较高时，高湿会加剧人体对热的感觉[24]。相比于未名湖的人工乔-灌-草绿地，人工乔-草型绿地中下层空间较开阔，空气流通性较好，一定程度上限制了湿度的增加，表现出更好的舒适性。

2.2.2 舒适度日变化比较

15 选择温度较高且连续 3 天都处于晴朗无风或微风天气的 7 月 15, 16, 17, 29 日和 8 月 4 日这 5 天进行各样地舒适度日变化比较。将 5 天内同一时段相同样点的 THI 进行平均，并根据校园主要人群的生活节奏，截取 7 个典型时段进行分析比较(图 7)。

16 6:00 时 THI 指数最低，舒适性是一天中最好的，此时相对于水泥地面，各绿地发挥了较强的改善作用，其中静园草坪尤为突出；8:00—12:00 静园草坪受强烈的太阳辐射，不适感陡增，甚至远超过逸夫二楼天井的水泥地面；14:00—16:00 处于一天中 THI 最高的时段，不舒适程度最强，绿地虽有所缓解，但作用有限；18:00—20:00 THI 有所下降，但并不显著，此时静园草坪的舒适感逐步提高。总的来说，半天然乔-灌-草绿地(P2)在所有时段都表现出对不适感较强的缓解作用，静园草坪(P4)除了清晨和晚上，一天的大部分时间这种作用都不显著，人工乔-草绿地(P3)在 12:00—18:00 的高温时段舒适度高于人工乔-灌-草绿地(P1)，与 2.2.1 节结论一致。

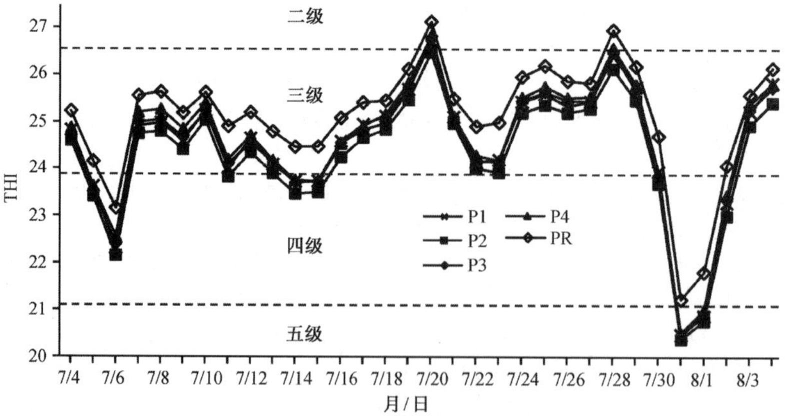

图 6 各样点舒适度等级分布情况

Fig. 6 Grade distribution of comfort degree for the sample plots

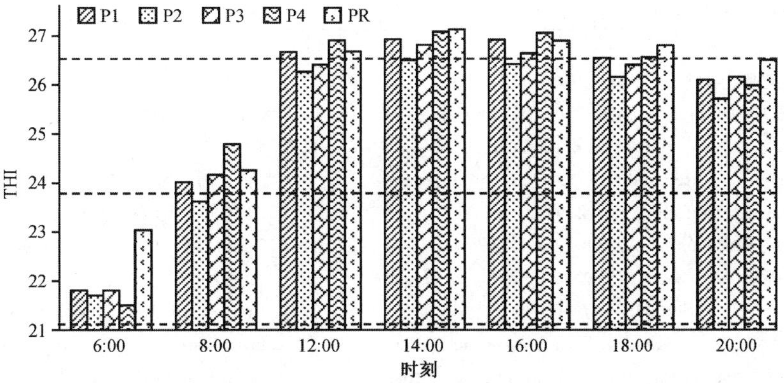

图 7 各样点舒适度日变化比较

Fig. 7 Diurnal variations of comfort index for the sample plots

3 结论与讨论

3.1 结论

17 本文通过对北京大学校园内有代表性的校园绿地的温湿度进行连续 32 天的同步测定，评估不同绿地类型对校园小气候的改善作用，尤其是对人体舒适度的影响，得到以下结论。

18 1) 在夏季高温季节，各类型校园绿地相对于无绿化地面，均表现出显著的降温增湿效应，平均降温 1.96~1.14℃，增湿 12.34%~7.46%，总体趋势表现为：半天然乔-灌-草>人工乔-灌-草>人工乔-草>人工草坪，绿量越大、乔木层郁闭度越高的复层结构绿地降温增湿效应越明显，尤其是办公楼东侧、未名湖南岸的半天然林发挥着重要的生态调节功能；从温湿度日变化来看，静园草坪日变化幅度最大，调节能力弱，而半天然乔-灌-草绿地内环境相对稳定，对日间高温缓解能力较强。

19 2) 在 32 天的观测期内，各绿地对人体舒适性均有一定程度的改善，总体表现为：半天然乔-灌-草>人工乔-草>人工乔-灌-草>人工草坪，乔木层郁闭度是决定绿地人体舒适度的重要因素。尽管如此，相比于绿地的降温增湿效应，其改善效果并不十分明显。此外，人体舒适感由环境温度和湿度共同决定，人工乔-草绿地由于其较好的降温增湿效应及良好的通风结构，相比于未名湖附近的人工乔-灌-草绿地表现出更好的舒适性。

20 3) 从一天的不同时段来看，早晚时段绿地舒适度改善作用较为明显，高温时段并不显著，尤其是静园草坪表现出极强的不适性。

3.2 讨论

21 通过研究发现，发挥降温增湿效应最好的绿地是办公楼东侧的半天然乔-灌-草绿地，其显著的温湿效应是因为它最接近自然演替结果的植被结构。然而，目前的校园绿地大多过于人工化，群落层次简单，结构单一，因而无法真正发挥其生态效益。因此，校园绿化建设应采用拟自然的生态群落式配置，设计和建立近自然的绿地景观。应通过促进群落自然生产力，充分发挥城市绿地系统的整体功能，实现人工的低度管理和景观资源的可持续发展。

22 绿地生态效用是以其对人的影响程度为依据的，因此，绿地结构是否科学合理，最终应以人体舒适感为衡量标准。研究中发现，办公楼东侧、未名湖南岸的半自然林舒适度的缓解作用最强，但此区域多为小山坡，活动空间有限；静园草坪虽然活动空间宽阔，但在夏季只有清晨和晚间表现出较好的舒适性，其他时段不适宜人群活动。因此，应根据不同的功能需求，因地制宜，构建不同结构的校园绿地景观，如在北京大学校园内构建半露天开放草坪不失为一种选择。

参考文献

[1] Rizwan A M, Dennis L Y C, Liu C. A review on the generation, determination and mitigation of urban heat island. Journal of Environmental Sciences, 2008, 20: 120–128

[2] 肖荣波，欧阳志云，李伟峰，等. 城市热岛的生态环境效应. 生态学报, 2005, 25(8): 2055–2060

[3] 祝宁，李敏，柴一新. 哈尔滨市绿地系统生态功能

分析. 应用生态学报, 2002, 13(9): 1117–1120
[4] Oliveira S, Andrade H, Vaz T. The cooling effect of green spaces as a contribution to the mitigation of urban heat: a case study in Lisbon. Building and Environment, 2011, 46: 2186–2194
[5] 宋宽. 燕园绿化分区: 功能区划关系初探 // 冯宝华. 学圃滋荣: 北京高校校园绿化文集. 北京: 北京大学出版社, 1999: 145–147
[6] Hamada S, Ohta T. Seasonal variations in the cooling effect of urban green areas on surrounding urban areas. Urban Forestry and Urban Greening, 2010, 9(1): 15–24
[7] Chang C R, Li M H, Chang S D. A preliminary study on the local cool-island intensity of Taipei city parks. Landscape and Urban Planning, 2007, 80: 386–395
[8] Potchter O, Cohen P, Bitan A. Climatic behavior of various urban parks during hot and humid summer in the Mediterranean City of Tel Aviv, Israel. International Journal of Climatology, 2006, 26: 1695–1711
[9] 吴菲, 李树华, 刘娇妹. 林下广场、无林广场和草坪的温、湿度及人体舒适度. 生态学报, 2007, 27(7): 2964–2970
[10] 刘娇妹, 李树华, 吴菲, 等. 纯林、混交林型园林绿地的生态效益. 生态学报, 2007, 27(2): 674–684
[11] 刘娇妹, 李树华, 杨志峰. 北京公园绿地夏季温湿效应. 生态学杂志, 2008, 27(11): 1972–1978
[12] 周立晨, 施文彧, 薛文杰, 等. 上海园林绿地植被结构与温、湿度关系浅析. 生态学杂志, 2005, 24(9): 1102–1105
[13] 纪鹏, 朱春阳, 李树华. 河流廊道绿带结构的温湿效应. 林业科学, 2012, 48(3): 58–65
[14] 蔺银鼎. 城市绿地生态效应研究. 中国园林, 2003 (11): 36–38
[15] 黄永梅, 曹艳丽, 唐志尧, 等. 燕园的半天然植被 // 冯宝华. 学圃滋荣: 北京高校校园绿化文集. 北京: 北京大学出版社. 1999: 154–157
[16] Thom E C. The discomfort index. Weatherwise, 1959, 12: 57–60
[17] Emmanuel R. Thermal comfort implications of urbanization in a warm-humid city: the Colombo Metropolitan Region (CMR), Sri Lanka. Building and Environment, 2005, 40(12): 1591–1601
[18] Michelozzi P, Kirchmayer U, Katsouyanni K, et al. Assessment and prevention of acute health effects of weather conditions in Europe, the PHEWE project: background, objectives, design. Environmental Health, 2007, 6: 12–22
[19] Toy S, Yilmaz S, Yilmaz H. Determination of bioclimatic comfort in three different land uses in the city of Erzurum, Turkey. Building and Environment, 2007, 42(3): 1315–1318
[20] John E O. Climatology: selected application. London: V H Winston & Sons, 1981: 190–192
[21] 达良俊, 杨永川, 陈鸣. 生态型绿化法在上海"近自然"群落建设中的应用. 中国园林, 2004(3): 38–40
[22] 李玉杰, 郭素娟. 北京市城区公园植物多样性及近自然群落的应用. 林业科技开发, 2009(2): 33–36
[23] 张碧辉, 刘树华, 桑建国. 北京大学校园夏季气象场的数值模拟. 北京大学学报: 自然科学版, 2011, 47(1): 59–65
[24] 刘梅, 于波, 姚克敏. 人体舒适度研究现状及其开发应用前景. 气象科技, 2002, 30(1): 11–18

附录 2

刑法治理“医闹”的有限性及“医闹”的治本之策 *

荣光存 杨芳

摘　要：《刑法修正案(九)》顺应民意将“医闹”纳入刑法规制范围，为遏制“医闹”提供了刑法上的保障。刑法的谦抑性原则决定了刑法治理“医闹”的有限性，故“医闹”的源头治理就显得尤为重要。和谐医患关系的建立是破除“以闹取利”怪象的根本之策，也是目前我国医疗卫生行业中亟待解决的问题。

关键词：医闹；刑法；医患关系

On the Limitation of the Governance of Medical Disturbance by the Criminal Law and Its Fundamental Solution

Rong Guangcun　Yang Fang

Abstract: According to the *Criminal Law Amendment (Nine)* medical disturbance should be regulated by the Criminal Law, which complies with the public opinion and provides the legal guarantee to keep medical disturbance within limits. The tolerance principle in the Criminal Law decided the limitation of the governance of medical disturbance by the Criminal Law, so medical disturbance source management is particularly important. The establishment of a harmonious doctor-patient relationship is the fundamental solution to the unreasonable phenomenon of "disturbance for money", and is the problem to be solved in the healthcare industry in China as well.

Key Words: medical disturbance; Criminal Law; doctor-patient relationship

一、“医闹”入刑的意义

1 “医闹”是指患者及其家属以医患纠纷为借口，亲自或者雇佣其他人员，通过聚众静坐、封堵院门等方式破坏医院正常工作秩序，以期院方满足其诉求的行为。在我国，“医闹”已演变成一个严重的社会问题——“医闹”破坏了医疗场所的和谐环境，威胁着医护工作者的人身安全；同时，损害了其他患者的就医权。

2 近年来，我国政府一直重视对涉医违法犯罪行为的打击，相继出台了一系列文件：2012 年 4 月 30 日，原卫生部、公安部联合下发《关于维护医疗机构秩序的通告》；2013 年 10 月 12 日，国家卫生和计划生育委员会（以下简称“国家卫计委”）、公安部联合下发了《关于加强医院安全防范系统建设的指导意见》；2013 年 12 月 20 日，最高人民法院、最高人民检察院、公安部、国家卫计委等多部委联合发布了《关于维护医疗秩序打击涉医违法犯罪专项行动方案》；2014 年 4 月 22 日，最高人民法院、最高人民检察院、公安部、司法部、国家卫计委联合印发了《关于依法惩处涉医违法犯罪维护正常医疗秩序的意见》，等等。

3 然而，上述文件的颁布和实施并没有产生预期的效果。恶性伤医事件、“医闹”仍不断发生且有越发不可收拾之势。笔者认为，其原因主要是以下两个方面：一方面，以往出台的各项规定都是以“通告”“意见”等文件形式下发的，等级较低、效力较弱；在执行过程中，各部门（包括医院、卫生行政部门、公安局、医疗纠纷调解委员会等）间难以形成齐抓共管的合力，这些条文容易被架空从而造成混乱局面。[1]另一方面，“医闹”未入刑前，在司法实践中，法院对通过

* **基金项目**：本文系四川医事卫生法治研究中心立项资助项目“我国人类遗传资源监管制度创新研究”（项目编号：YF13-Z03）的阶段性成果。

作者简介：荣光存，安徽医科大学马克思主义学院思政教育专业 2015 级在读硕士研究生。杨芳，安徽医科大学教授。

打、砸、抢等暴力非法手段向医院索赔的案件是以“寻衅滋事罪”来进行判罚的——所依据的是2013年7月15日由最高人民法院、最高人民检察院发布的《关于办理寻衅滋事刑事案件适用法律若干问题的解释》。但由于法律对患者及其家属或职业“医闹”者在医院门前静坐、拉条幅、摆花圈等“平和”方式向医院施压的“医闹”冷暴力行为的处理，没有明确的规定，各级法院在处理此类案件时，只能完全依靠法官的自由裁量，导致在司法实践中类似案情却有不同判罚结果的情况出现。这不仅损害了刑法的权威性，引发民众对法律公正的质疑，而且易诱发更为严重的群体性事件，如大规模上访、围堵政府机关等。

4 2015年8月29日，第十二届全国人民代表大会常务委员会第十六次会议表决通过了《中华人民共和国刑法修正案（九）》（以下简作《刑法修正案（九）》）。《刑法修正案（九）》第三十一条将《刑法》第二百九十条第一款修改为：“聚众扰乱社会秩序，情节严重，致使工作、生产、营业和教学、科研、医疗无法进行，造成严重损失的，对首要分子，处三年以上七年以下有期徒刑；对其他积极参加的，处三年以下有期徒刑、拘役、管制或者剥夺政治权利。”与《刑法》第二百九十条第一款原条文相比较，此次对“聚众扰乱社会秩序罪”的修改，就是增加了“医疗”二字，即将扰乱医疗机构秩序情节严重的行为明确纳入刑法的规制范畴。“医闹”入刑，适应了社会发展需要，顺应了民意，对民众反映强烈的社会问题通过国家基本法予以了回应，体现了我国立法为民的法治原则，维护了广大人民的利益，具有重要的现实意义。

5 “对人类心灵发生较大影响的，不是刑罚的强烈性，而是刑罚的延续性。”[2]将扰乱医疗秩序情节严重的行为明确纳入刑法的调整范畴，体现了国家坚决依法打击涉医违法犯罪行为、维护和谐医疗环境的立法意向。“医闹”入刑，将对欲通过“医闹”获得不法利益的群体，起到震慑作用，是打击“医闹”的一把利器；将使广大民众充分认识到“医闹”行为的违法性及其社会危害性，从而自觉拒绝、抑制“医闹”。这项立法将有助于减少“医闹”对正常医疗环境的干扰和破坏，让患者能放心就医，医护人员能安心履行职责；[3]有助于控制矛盾的激化，在此基础上促进医患之间展开理性对话，协商解决争端。[4]

二、刑法治理“医闹”的有限性

6 “医闹”入刑是国家对民众反映强烈的社会问题的法治回应，是我国法治建设的一大进步。但刑法的适用与相应刑罚的实施，虽有利于打击“医闹”分子、特别是职业“医闹”的嚣张气焰，有助于消除“医闹”的负面示范效应，却只是为解决“医闹”问题提供了一个法律渠道，而不是唯一方式，更非捷径或最佳途径。运用刑法打击处理某一阶段突出的社会问题会有立竿见影的效果，但从长远看，“刑法是一种不得已的恶。用之得当，个人与社会两受其益；用之不当，个人与社会两受其害”。[5]对于符合构成要件的犯罪行为，应坚决依据刑法进行打击，不能让“医闹”入刑流于形式，造成“有法不依”的现象；但同时，我们不能把患方的全部非理性行动归为“医闹”，[6]人为扩大打击面。现代法治要求刑法具有“谦抑性”。“刑法的谦抑性”，是指立法者应当力求以最小的支出——少用甚至不用刑罚（而用其他替代措施），获取最大的社会效应——有效地预防和控制犯罪。[7]尽可能减少刑法适用，控制刑法干预社会生活的范围和程度，以避免因刑法滥用而导致的对公民权利的侵犯，这是现代法治文明所追求的目标。《刑法修正案（九）》第三十一条明确规定，“情节严重”与“造成严重损失”是“医闹”入刑的两个限定条件，“首要分子”与“其他积极参加的”是其处罚对象。不符合处罚条件的“医闹”行为和非首要分子、非积极分子绝不可适用刑法处罚。当然，对于何种行为属于“情节严重”，何种后果属于“造成严重损失”，最高人民法院与最高人民检察院应尽快出台相应的司法解释，进一步细化适用条件与范围，以有效提高“医闹”入刑的可操作性。[8]

7 刑法是维护社会正义的最后一道防线，刑法治理不能改变医患冲突的根源，动用刑法来解决某些社会问题并不比用其他社会规范更高效。严刑苛罚也不符合现代文明、法治社会的价值追求。

8 因此，比治理“医闹”更为重要的是如何预防“医闹”的发生，我们需要防“闹”于未然，将“医闹”阻遏在萌芽之中，而不是等矛盾激化之后再采取补救措施。“依据现行法律严厉打击涉医违法犯罪的同时，我们更应当反思现行医疗服务体制存在的问题，探寻解决医患冲突的根本之道。”[9]

9 “医闹”的发生与紧张的医患关系有着直接的联系。医患关系是医务人员与患者在诊疗过程中所产生的特殊社会关系。医患关系的和谐与否，直接影响医患双方的沟通交流，进而影响患者的就医体验。患者无法通过正当、合法渠道满足其诉求，自然借助于其他救济方式，加之社会中某些“医闹”的负面示范，“以闹取利”就成为患者寻求赔偿的“最佳方式”。追根溯源，“医闹”实质上是医患矛盾的产物，是不和谐医患关系的次生品。因此，建立和谐的医患关系才是防治“医闹”的终极手段。

三、“医闹”的治本之策：构建和谐医患关系

10 现代临床医学之父威廉·奥斯勒指出，医学是一门不确定的科学和可能性的艺术。医疗行业是一个具有特殊性质的服务行业，它以人类的健康与生命为服务对象。医疗行业又是一个参与度极高的行业，与每位公民息息相关，因此医疗行业中一个小的问题，都会被放大为一个严重的社会问题。医患纠纷本身是医学问题，但若处理不当，则变为社会问题或者法律问题。一起医患纠纷处理不当，就可能引发公众对整个医疗行业失去信心，继而阻碍医患的正常沟通，导致更为严重的后果。

11 和谐医患关系的建立需要我们全社会的共同努力。社会风气的净化、医患道德素养的提高是关乎我国卫生事业发展的长期性、基础性工作。[10]

12 第一，保护患者正当权益。“医闹”入刑所针对的是以违法手段维权者而非合法维权的民众。国家打击违法犯罪行为，绝不会阻碍合法维权；相反，国家严厉打击涉医违法犯罪，正是要为患者营造一个和谐的医疗环境，保护患者的正当权益。缓和医患关系，如果要以损害患者合法权益为代价，那将是得不偿失、本末倒置的。[11]对于医疗差错、医疗事故等情形，患者有权要求医疗机构予以赔偿。

13 “强者绥之以德，弱者扶之以仁。”意思就是以道德教化蛮狠之徒，以仁爱对待弱势群体。[12]由于信息不对称，患方与医方相比较，自然处于弱势地位。故医院应通过以下措施使患者的合法权益得以保障：将医疗纠纷处置工作纳入规范化管理，吸纳医疗法律专业型人才，提高院方医务工作的水平和质量；完善诊疗规范化服务体系，使医疗处置过程公开化；建立患者信任的平等对话机制，倾听患者诉求，及时高效地处理患者投诉；及时公开医患纠纷的处理意见，接受包括媒体、人大代表、行政部门的社会监督与质询；健全医疗过错赔付机制，等等。

14 第二，大力推进医疗调解制度改革和医疗风险防控机制建设。构建和谐医患关系与和谐医疗环境，相关社会机制必须共同发力。对于医疗行业来说，建立人民调解、行政调解、司法调解相衔接的大调解格局，[13] 推进医疗调解制度改革和建立医疗风险防控机制就是目前亟需开展的工作。

15 医患纠纷的不当处理是“医闹”的直接诱因。目前医患纠纷的处理方式主要有医患协商私了、行政调解和诉讼等，但这些解决方式都存在这样那样的问题：由于彼此缺乏信任，医患自行协商往往很难达成一致意见或达成意见后又反悔（患方反悔的居多）；由于卫生行政部门与医疗机构之间的“管办”关系，患方对其能否公正处置纠纷存在顾虑而不愿选择行政调解方式来解决医患纠纷；由于诉讼要耗费大量的时间、精力和金钱，患方不愿选择司法途径来解决纷争。医患双方无法在合法的轨道上寻求利益的均衡，只能通过“闹”等方式来解决纠纷。

16 第三方调解机构“非官方”的独立身份可以为医患双方提供彼此信任的沟通平台；另外，调解程序非正式化、灵活多变等特点可以保障医患双方在调解中充分表达意愿。因此，探索建立中立的第三方调解机制是十分必要的。具体可以从以下两个方面入手：一是推进相关立法工作。包括确立第三方调解机构的性质、人员构成、内部管理、法律责任、经费来源等，同时加强对第三方调解机构及其工作人员的法律监督。二是政府应积极协调第三方调解机构与医院、卫生行政部门等单位之间的关系，以保证调解工作的顺利进行；同时通过网络、报刊等媒介加大宣传力度，提高患方对第三方调解机构的认可度。

17 另外，政府相关行政部门应大力引导保险业担负起防控医患纠纷的社会责任，建立医疗风险分担机制，发挥保险在社会管理中的杠杆作用。[14]医疗纠纷的调查、调解以及后续赔付均由专业的保险公司负责，医疗机构及医务人员因其诊疗活动而带来的责任风险由此转移。这样一来，可以较好地维护医疗机构的社会声誉，减轻因纠纷赔偿而给院方造成的经济负担，[15] 避免医疗机构及其医务人员因纠纷缠身而不能专注诊疗活动。推行医疗执业责任保险，建立医疗风险防控机制，能够确保患方及时得到赔偿，可以让患者重拾对医疗行业的信心。同时，作为第三方的保险公司的中立性可以打消医患双方的疑虑，有助于缓解医患矛盾。

18 第三，转变政府职能。政府在介入医患纠纷处理的过程中，应以事实为依据，以法律为准绳，将公平正义贯彻到整个医患纠纷处理过程中。“通过法律建立规则化解社会矛盾，让人们看到用法治的规则来解决问题的希望。”[16]如果医方确实存在失误和过错，就应公开事实真相，还患者及其家属一个公道，这对院方也能起到警示作用；如果医方确已尽职尽责，没有过错，就不应赔偿。地方政府不应片面强调维稳，逼迫医院赔钱了事、息事宁人，否则不仅不能带来和谐，反而带来更大隐患。在我国目前全面推进法治社会建设的新形势下，政府需要在医患之间找准定位，做好服务和沟通工作，避免医患矛盾激化；

依法行政，不滥用公权力干预调解和司法诉讼。

19 第四，提高医方职业道德。医疗活动的核心内容就是医患交往，即医患之间的相互作用和相互影响；其医疗活动的目的是解除患者病痛，维护和促进其健康，改善其生活质量。医疗从业者作为具有专业医学知识的群体，在社会体系中扮演着重要角色。加强医疗行业从业者的道德教育对于缓和医患矛盾具有重要作用。医方职业道德的提升主要包括两个方面：其一是加强医德与职业理想教育：树立救死扶伤、爱岗敬业的职业理想；尊重患者人格及各项权利；耐心诚恳、服务意识强；注重职业形象，语言得体等。其二是提高法治、纪律意识：遵纪守法，坚决杜绝吃请和红包、回扣；合理用药、合理检查、严格遵守各项医疗操作流程规范等。医院在加强道德教育的同时应加强管理，建立考核奖惩制度，树立行业典范，严肃处理违反职业道德人员，将道德教育落到实处。

20 第五，患方调整就医心态。患方应认识到医学技术的局限性和高风险性，对医护人员多一些理解与信任；在发生医疗差错或者医疗事故后，应保持理性，积极与院方协商沟通，通过合法途径维护正当权益。

21 “医闹”入刑重在治标，“医闹”的根除则需要标本兼治。[17]由于医疗行业的特殊性，医患矛盾、医疗纠纷或许在所难免，但是在医患关系不和谐的现实基础上，这些矛盾与纠纷极易发生异化，走向暴力极端，引发一系列影响社会稳定的事件。与法治刚性相对应的是制度柔性。[18]化解医患矛盾，需要法治保障和制度支撑并重，刚柔相济方能定纷止争。“医闹”为和谐社会所不容。国家相关部门在对“医闹”保持高压态势的同时，也要确保医疗调解制度改革、医疗保险机制建立等举措的实施。这也将对缓和医患矛盾，建立和谐医患关系产生积极影响，从而从源头上遏止“医闹”的发生。

参考文献

[1] 佚名.“医闹” 入刑，正常医疗秩序 “最后防线”[EB/OL].(2015-07-09)[2015-12-22] http://mt.sohu.com/20150709/n416447218.shtml.

[2][意]切萨雷·贝卡利亚.论犯罪与刑罚[M].黄风,译.北京：北京大学出版社,2008.

[3][4][17]兵临.医闹入刑的“能”与“不能”[EB/OL].(2015-07-02)[2015-12-22] http://epaper.jinghua.cn/html/2015-07/02/content_212542.htm.

[5][7]陈兴良.刑法的价值构造[M].北京：中国人民大学出版社,2006.

[6]聂洪辉.医闹事件中弱者的武器与问题化策略[J].河南社会科学,2010(5):127-130.

[8]叶日者.医闹入刑，还得做好法外功课[EB/OL].(2015-11-09)[2015-12-02]http://www.chinacourt.org/article/detail/2015/11/id/1743466.shtml.

[9]祝彬.对“医疗机构列入公共场所”提案的理性审视[J].中国卫生事业管理,2014,31(12):914-916.

[10]杨同卫.美德建设与制度完善的互补与共进——对医闹、暴力伤医等事件的再思考[J].中国医学伦理学,2014,27(4):456-458.

[11] 祝建波. 惩治医闹，更需畅通渠道 [EB/OL].(2015-09-02)[2015-12-10]http://opinion.people.com.cn/n/2015/0902/c1003-27539378.html.

[12]李东鹏.整治医闹不能忽视患者的正当权益[EB/OL].(2015-07-02)[2015-12-26]http://jxcomment.jxnews.com.cn/system/2015/07/02/014008131.shtml.

[13]张跃铭.医疗纠纷现状、成因及对策——以东莞市为例[J].医学与哲学,2015(3):78-81.

[14]黄宙辉,吴大海.建议建立医疗风险分担制度[EB/OL].(2014-08-06)[2015-12-17]http://www.ycwb.com/ePaper/ycwb/html/2014-08/06/content_511385.htm div=-1.

[15]丁邦宁.引入商业保险机制有利于解决医疗纠纷[J].保险研究,2005(4):25-27.

[16]刘锦昊.用法治规则整治“医闹”[EB/OL].(2014-08-26)[2015-12-20]http://newpaper.dahe.cn/jrab/html/2014-08/26/content_1135301.htm div=-1.

[18]罗志华.“医闹入刑”彰显法治刚性[EB/OL].(2015-06-26)[2015-12-29]http://news.xinhuanet.com/comments/2015-06/26/c_1115731581.htm.

（责任编辑：王海容）

附录 3

跨文化传播视角下的美食类纪录

——《舌尖上的中国》与《发现中国：美食之旅》

张　萌

【摘要】

近年来，以《舌尖上的中国》为代表的美食类纪录片风靡全国，尤其是《舌尖上的中国》更是打着国际传播的名号，在世界各地放映传播。那么根据跨文化传播理论，《舌尖上的中国》是否适合国际传播，又有哪些利弊。本文通过其与 BBC 拍摄的同为美食类纪录片《发现中国：美食之旅》的比较分析，分别从艺术层面与文化层面分析两者的共通处与差异，从而给《舌尖上的中国》进一步的跨文化传播提出相应建议，同时为改善中国美食类纪录片国际传播，提升中国文化软实力提供参考。

【关键词】

舌尖上的中国　跨文化传播　纪录片

【作者简介】

张萌，女，汉族，中国传媒大学传播研究院 2012 级传播学研究生。

2012 年 5 月 14 日，中央电视台《魅力纪录》栏目播出了美食类纪录片《舌尖上的中国》（以下简称“舌尖”），该片一举成名，刚刚播出不久就风靡全国。而就在《舌尖》热潮尚未平息之际，英国 BBC 在同年 8 月推出了主题同样为中国美食的纪录片《发现中国：美食之旅》（下文简称“发现中国”）。近几年来的美食纪录片热潮逐渐高涨，而支撑这一系列纪录片背后的是一个国家的文化底蕴。本文通过中西两种美食纪录片的比对，探索美食类纪录片跨文化传播之道，同时也给《舌尖上的中国》进一步国际化提出相应建议。

一 《舌尖上的中国》和《发现中国》的概况

《舌尖上的中国》是中央电视台“魅力纪录”栏目于2012年播出的一档美食类纪录片节目，主要内容为介绍中国的传统饮食文化。其按照食材的种类分类，分为一共有7集自然的馈赠、主食的故事、转化的灵感、时间的味道、厨房的秘密、无味的调和、我们的田野七个部分。《舌尖》的节目定位为通过中华美食的多个侧面，来展现食物给中国人生活带来的仪式、伦理等方面的文化。节目播出后，在全国范围内获得较大影响。据《2012IPTV用户行为数据分析报告》5月刊显示，该节目播出前收视并发数是400，播出20分钟后收视并发数达到800①，全国上下掀起了一阵“舌尖”狂潮，先是推出了“舌尖上的北大”等高校美食系列，后又出现了“舌尖上的成都”等地方菜的原创作品。与此同时，《舌尖》在海外市场也激起了不小的波澜，在法国戛纳电视节上收到诸多国外媒体的关注，仅播映权就卖了20多个国家和地区。

《发现中国》是英国BBC于2012年8月播出的有关中国美食的纪录片。纪录片全程以两位华裔走访游玩中国，探索中国饮食文化视角展开。同样纪录的是中国美食，《发现中国》与《舌尖》在内容上有略微不同，《发现中国》主要是介绍一些比较简单而基础的中国传统美食，如面条、饺子，等等。并且《发现中国》是按照地域来进行分类的，目前为止只播出了第一季，包括四集：北京篇，成都篇，云南、新疆篇，广东、台湾篇。主持人谭老先生是中国菜的教父，30年前他通过电视节目将中国菜引入西方。节目播出的宗旨，即让更多的英国人甚至西方人更多地了解中国饮食文化。纪录片中，他们以西方人的视角、凭着对中国饮食和厨艺的熟稔，带给了大家一场中国美食与烹饪的精彩之旅，其中也附带着介绍中国的文化。纪录片在英国BBC播出之后也获得了广泛的关注与好评，并且收视率一路飙升。

① http://tech.cnr.cn/list/201207/t20120702_510087483.shtml.

二　《舌尖上的中国》和《发现中国》的对比分析

（一）艺术层面对比分析

1. 题材选择

无须赘述，美食类纪录片的题材当为美食，而两部纪录片恰巧选取的都是具有代表性的中国地方特色美食。“各个民族、种族，不论其生活在哪一个地理空间中，他们之间都有某些共同的、可以互通的文化内容，存在着某些共同的基线和色调”。[①]“民以食为天”，虽然各个地方存在着各种文化差异，但是食物却是可以互通的。并且食物的符号形式并没有文学作品那样复杂的建构，相对来说比较容易传播和接受。而特色美食凭借其色香味美的特征，成为传播国家文化简洁有效的“捷径”。

说到具体的题材，两个纪录片却有着明显的不同。同样是说中国美食，《发现中国》选取的是中国比较基本的美食，如面条、饺子、包子、火锅等。而《舌尖》却选取了丰富的各色美食，单单第四集一集讲述的腌制食品就包括腊肉、火腿、烧腊、咸鱼、腌菜、泡菜、渍菜。《发现》中诸如面条、饺子之类的食物过于基本，稍微对中国文化有一些了解的外国人都知道，这样就失去了“陌生化”的感觉，“陌生化正是一种重新唤起人们对周围世界的兴趣，不断更新人们对世界感受的方法。”[②] 而《舌尖》就很巧妙地利用了“陌生化理论”，各式菜品五花八门，大大满足了受众的视野期待。但是中国传统的“宏大叙事、海纳百川”的方式也需注意，题材选取不能过于偏碎，要保持代表性。

2. 叙事策略

（1）相同的故事化叙事

纪录片强调的是纪实，但同时也要有观赏性。故事和戏剧化是包括纪录片在内的所有影视作品应该具备的基本要素。学者汪俊认为，缺少故事性的纪录片难免乏味，难称佳作。故事化的纪录片具备许多影视剧的元素，能够

---

① 曹明德．文化的差异性与共通性［J］．厦门大学学报（哲社版），1999（4）．

② 陈玲玲．论接受美学中的“期待视野”［J］．赤峰学院学报，2010（2）：12－16．

▲ 50 传媒国际评论

吸引观众，这种取长补短的做法丰富了纪录片的表现力。① 两个纪录片都巧妙地利用了故事化叙事这一技巧，并且都是与情感相关的、揭示人性和生活本质的个人化小故事。

《发现中国》自不必说，作为注重个体主义的西方代表，BBC 拍的片子必然是个人故事化的。整个片子是以两个主持人个人体验的视角来讲述的，中间穿插了谭荣辉和黄瀞亿童年的记忆。其中黄述说自己童年在国外长大，从来没感受过自己作为中国人有什么骄傲的。直到她遇到中国的美食并会做，她才找回了自己的根。用这样的经历唤起受众的怜悯，温馨感人。

《舌尖》很有规律性，基本上是一个人物故事搭配一种美食。而选取的故事也很特别，基本都是有关小人物的日常故事，如开厨师班的周赛群、为老年人志愿服务的梁以瑚、一天卖 700 个黄馍馍的黄国盛，“要获得更多观众的认可和共鸣，应该从看似平常处取材，以原始形态的素材来结构影片，表现一些个人化的生活内容，达到一种蕴含着人类具有通感的生存意识和生命感悟。”②《舌尖》另一个突破性的地方是选取的故事更为人性化，避免了中国惯常的“高大全”思想，而改为选取更能揭示人类本性、生活本质的温情小故事，如描写大澳做虾酱的郭少芬奶奶和她逝去的老伴儿的爱情。情感是引起所有人共鸣的通道，这也是《舌尖》更为国际化的原因。

（2）不同的全知叙事和个人化叙事

除了故事化叙事这个共有的特点之外，两个纪录片在整体的叙述方式上还有很大差异的。《舌尖》采取的是全知叙事视角，所谓全知叙事最早来源于小说写作技巧，又叫零视角。作者在处理故事的时候，并没有一个固定的观察点，上帝般全知全能的叙述者可以从任何角度、任何时空来叙事。③《舌尖》的叙述视角很广，创造者自由出入，主导着叙事的进度和方向。在叙述美食的同时会连带着叙述美食的来源、采集、保存与美食背后的社会背景。如在介绍中国厨房的秘密“蒸”时，顺便介绍了藏族人烧制和挑选陶器的过程。这种叙事方式使整个作品饱满丰腴，信息量完整丰富，更易于理解和接受，也更有益于跨文化传播。

而《发现中国》则采取的是个人化叙事的视角，主要是两个主持人的个

---

① 汪俊．当代纪录片市场化取向的思考［J］．福建艺术，2008（4）．

② 朱羽君、殷乐．文化品质：电视纪录片——电视节目形态研究之六［J］．现代传播，2001（6）．

③ 申丹．叙事学与小说文体学研究［M］．北京：北京大学出版社，1998．

人体验视角来呈现，旁白也采取主持人自述的口吻。戴锦华女士说："所谓个人化是从个人的视点、角度去切人历史。据笔者的理解，一个从颇为个人的视点切入的叙事，可能构成对权威话语和主流叙事的消解、颠覆，至少可能成为一道完整的想象图景上的裂隙。"① 个人的视角往往比较独特，另辟蹊径。《发现中国》谭荣辉以一个离开中国 25 年故土重返者的心态来阐释中国的变化。他认为中国比 25 年前更加的现代化，但同时他也看到了中国的工业化与令人堪忧的环保问题 。这是一条非常客观的评价，互补了一味的正面宣传，从而使世界了解到真实全面的中国。

3. 剪辑与节奏：紧凑拼接与一条线的差别

两个片子都采用了大量的特写镜头，表现食物的色泽诱惑，带给了受众视觉上的冲击。《舌尖》突破了传统的时间顺序剪辑的方式，蒙太奇式剪辑贯穿纪录片的始终。每一个叙事段落都由多个事件组合构成，呈碎片化的组合状态。比如第三集讲到发酵的食物，总的包括豆腐、黄酒、大酱三大类，其中豆腐又包括奶豆腐、毛豆腐等。虽然不同食物之间有关联，但是关联性并不是很强，再加上过渡解说很少，造成整个纪录片比较散化。另外，纪录片的节奏也稍显紧凑，针对每一个食物介绍时间过短，这会给对中国美食尚不是很了解的外国受众带来很大理解与接受障碍。

《发现》整个纪录片以游记的形式，以主持人的走访为线索，按事件发展的时间顺序进行剪辑，逻辑性比较强。整个片子有着轻松的氛围，不缓不慢的节奏，清晰的结构和事件发展的逻辑，让受众看着很舒服。比如讲到北京烤鸭，从取材到制作再到品尝，整个过程讲解用了 10 分钟，详尽周到、清晰明了。这样能让受众有足够的时间去深入了解和接受，而不是只是视觉上的应接不暇。

（二）文化层面对比分析

1. 文化功能

文化无处不在，"文化物质主义"的倡导者雷蒙德·威廉斯曾经提出，"文化并不仅仅是物质现实的反映，而且是物质现实不可分的部分。"② 纪录片自诞生之日起，就打上了创作者自身文化背景的烙印，纪录片是文化与现

---

① 戴锦华．犹在镜中［M］上海：知识出版社，1999. 198.

② 张颐武．文化研究与大众传播［J］．现代传播，1996（2）．

▲ 52 传媒国际评论

实联姻后的物质实在。[①] 美食是各个地方文化中极其重要的一部分，而介绍美食类的记录片如果只是讲解如何做菜，那和平常的“电视厨房”并无两样。正因为纪录了美食背后的文化，纪录片才有了其价值和意义。虽然两部片子都有文化功能，但是阐释的视角却是截然不同的。

《舌尖》是中国人本土人拍的，文化意蕴则是渗透在字里行间的。《舌尖》展示了中国传统文化——尊老爱幼、和谐团圆。如陕西岐山老人做寿要吃寿面，面条的细瘦与人们渴求的长寿同音。《厨房的秘密》最后一段总结性的语言文本为：“厨房的秘密，表面上是水与火的艺术。说穿了，无非是人与天地万物之间的和谐关系。”但需要注意的是虽然文化的传播无处不在，却都比较隐晦，不是具象的。这也正所谓中国的高语境文化。[②]

《发现中国》的文化彰显也很明显，如在讲四川火锅时，讲了四川的“火锅文化”。讲新疆喀什时讲述了新疆的诺鲁孜节（春节），并讲述了维吾尔族文化。不过毕竟是西方人的思维，在传达中国文化时只是对应每个食物、每个地点的散点式文化传播，缺乏系统性。但在讲述每个文化时却很具体直观，至少能让观众感受到他们在讲文化。从这一点上来看《发现》的低语境文化叙述更有利于跨文化传播。

2. 个人与集体、政治与商业

心理学家哈里·特里安迪斯认为，文化差异最根本的层面就在于个人主义和集体主义的价值观。[③] 两部纪录片在个人与集体方面走向了两个极端，而这些因素与其背后的政治经济力量共同交织，促成了两类风格迥异的文化产品。

对个性的解放和对个人本身的重视一直是西方的文化底蕴，伟大的诗人但丁提出“人为了自己的目的，而不是为了别人的目的而生存”[④]《发现中国》的视角就是个人体验的，它最突出的三个特点就是“体验性”、“娱乐性”、“服务性”。纪录片讲述每个美食时，主持人都会亲自下厨尝试，这也给受众一种间接性的体验。另外，节目以探险的形式呈现，主持人吃到

---

① 吴慧雯．跨文化传播环境下纪录片文化差异研究［D］．南昌大学，2010. 43.

② 【美】Hall，Edward T. 超越文化［M］．居延安等译，上海：上海文化出版社，1988：96.

③ 孙英春．跨文化传播学导论［M］．北京：北京大学出版社，2010. 112.

④ 周辅成．从文艺复兴到19世纪哲学家政治思想家有关人道主义人性论言论选辑［M］．北京：商务印书馆，1966. 19.

美食时的赞叹、来到不同环境的兴奋，都增加了节目的娱乐性。最后，节目中在服务方面做得细致周到，甚至提到西方人没有的食材可以怎样代替和解决。如讲到四川的炒兔肉可以用鸡肉替代等。整个节目像是专门为受众“个人”定制的，考虑到了个人的体验与需求。这与西方国家纪录片的商业化密不可分，商业片需要靠自己盈利，所以节目要兼具以上三个特性方能得以支撑。

中国人传统的思想就是大一统形式的集体主义，强调文化的“和而不同”。《舌尖》虽然在叙事上增加了很多个人化的小故事，整个片子还是总——分——总的传统结构。此外，《发现中国》的纪录片是国家出资拍摄的，其少了商业因素的干扰，却多了几分政治因素的束缚。《舌尖》作为文化产业的一部分，自然也承担着文化软实力、文化宣传的重任。所以《舌尖》针对个人的服务性信息很少，更强调的是全面信息的传递，文化宣传的效果。这就给人相对严肃死板的教条主义感觉，从而失去了轻松的氛围。

三 结论与启示

通过以上对《舌尖上的中国》和《发现中国》从跨文化传播视角的详细对比分析，我们发现美食类纪录片的一些共性与优点，如题材选取的恰到好处、故事化叙事技巧的使用、大量特写镜头的运用、美食背后社会文化和生活的扩展等。

除了诸上共性外，《舌尖》也有很多突出的地方，如：题材丰富、涉及面广，迎合了“陌生化理论”，大大满足了受众的视野期待；采用了平民化叙事视角，选取更能揭示人类本性、生活本质的温情小故事；采用全知叙事手法，在叙述美食的同时会连带着叙述美食的来源、采集、保存和美食背后的社会背景和生活，使作品丰富充实；全片充斥着文化符号，展示了中国传统文化——尊老爱幼、和谐团圆，彰显了纪录片的文化功能等。

当然，纪录片专业制作团队 BBC 的《发现中国》也有很多值得我们学习的地方，这也为《舌尖》进一步提升跨文化传播效果提供了宝贵的借鉴：在题材的选取方面要保持地方的代表性，不能选取过于偏僻难懂的食物；在叙事方面我们除了全知叙事的“高大全”外，也应该穿插一些个人化的叙事手法，来带给受众独特的视角和体验；在剪辑与节奏控制方面，我们的纪录片应该以让受众理解和接受为目的，避免过于碎片化。在解释和传播文化方面多添加一些低语境的、具体直接的解释说明，尽量避免隐晦的暗示；最后，也是最需要注意的一个方面就是适度地增加纪录片的娱乐性、服务性、体验性，更加注意从受众的角度、从个人的角度来制作。考虑受众的体验和需求，增加个人视角，以更加轻松并明晰的方式来代替宏大的“灌输宣传”。

后 记

犹记是在 2015 年北大中文系本科留学生的“阅读与写作（高级）”课上，有同学提到写论文带来的苦恼，于是决定在课件里穿插介绍论文写作的环节。

我自己的论文写作是我的英文写作老师——一位英国修女启蒙的，那是个还要用自行车将图书馆成堆的参考书驮回宿舍、为相关文献按字母排卡片的年代。从写散文转换到写论文，思维、观念的重构是关键，但实在举步维艰，即便有老师讲解，我也常处于发蒙的状态，唯一抓得住的是过程中可操作的步骤，在看不清全局的情况下压住浮躁，动手练习，一直到终于有所领悟为止。

当时的心路历程记忆犹新，因此非常理解同学们的感觉。在准备论文写作课件的时候，就决意要把自己学习时觉得最受用的环节、技巧与知识都编入课件，而且一定要搭配实作练习和论文范本的分析，这样，就算同学们对老师的讲授一知半解，通过练习和老师的作业反馈，应该也能掌握大半。果然，第一年的尝试后，同学们就在期末学习心得里表示，论文写作是这门课收获最大的环节。

学生们的正面反馈给了我底气，我再接再厉，把更多的论文写作环节补上，课件开始呈显教材的雏形。此时万艺玲老师建议我把课件汇整后交给漆永祥老师，看看是否有出版成教材的可能。没想到漆老师看了彼时篇幅不长的纸稿，竟热烈给予响应和支持，还提供了一大套他自己收集的参考材料。有了领导开的绿灯，2016 年，我将“阅读与写作（高级）”这门课的授课内容全部安排为论文写作的练习，将编写的材料应用在教学上，并按同学们的学习情形进行修改，或者增添更多的内容以及练习环节。设计实作练习时，关于写论文的种种回忆时常跃于脑海。想起了在美国读博的时候，总有同学愿意坐下来听我讲述论文的构想，还有暑假时同学们邀约：“一起来读彼此的论文稿子，给对方提意见吧！”于是有了第二课“实作锻炼 2”的脑力激荡，以及第十二课由同学彼此担任审查人的环节。有时想着想着，会忘了正在编写教材，只因回眸看见了当时的我们，那初具论文写作能力、快乐摸索前进的模样，令人目光流连不已。

原本这本教材是为北大中文系本科留学生编写的，后来受到中国学生的欢迎，可说是出乎意料，但也入于情理。每当遇到中国本科生或研究生对写论文束手无策的时候，我都会把课件内容分享给他们，得到反馈大抵是："到现在才知道原来论文是要这样写的。"由此我也慢慢发现，中国大学生的学术论文写作训练普遍不足，尤其是在低年级，很多人都是在学术之路上跌跌撞撞、摸爬滚打，尚在懵懵懂懂，就该写毕业论文了，甚至到了"学而优则研"的阶段，还是不太会写学术论文。因此，不仅北大教务处同意我面向本科生开论文写作公选课，在中文系我也使用此教材，与其他老师一同承担研究生的论文写作课。

这本教材不是我的凭空发想。它得益于许多论文写作教学这个领域的前辈，他们的经验与成果一路启发、指引着我，尤其是本书引用或提及的文献，都是我的重要参考材料。在此也要感谢南丹麦大学刘英享教授的应援，为我找了多篇关于引用目的的相关研究论文。还要感谢慨允使用附录三篇论文的期刊，以及书中所有用作分析素材的论文的作者与发表这些文章的期刊。

也想借此机会谢谢北大中文系给我提供了能自由挥洒的教学平台。漆永祥老师当年热烈的鼓励催生了此书，书成后又为我写了精彩如斯的序，但您立的榜样太高，是我愧不能及的。最后还要感谢商务印书馆的王飙编审，谢谢您阅毕教材的初稿便愿意为我争取出版，且在定稿后审了又审、改了再改，还引用我书里的话，说这是为了使教材"一步步接近你心中理想的模样"！您的专业与用心是我学习的榜样。

我只是一个普普通通的学者，论文写作的功力也绝不敢说有多高，但今日能写出起码像样的论文，各个阶段指导过我的老师们绝对功不可没。无论是鼓励、挑论述逻辑毛病、对事实提出质疑，还是批评理论基础不到位，甚或直接上手改个满江红的，都实实在在地给了我受益无穷的帮助，在论文写作上一点一点将我托起，帮助我踏上更高的层次。

也祝愿使用本教材的同学们都幸运如我，遇到用心指路的老师。毕竟，这本教材只提供了一种可操作的手续，而教师们的投入程度才决定了这些操作在实现过程中所能获得的效果。

林幼菁

2020 年 6 月 30 日